新編

オオカミは大《おお》神《かみ》

狼像をめぐる旅

青柳健二

イカロス出版

磐城国相馬郡佐須虎捕山鎮座
山津見神社祈禱神符
火難盗難除

武州峯村
御嶽山社大神
御使者神狗

従一位
延喜式内
椋神社
秩父吉田郡五峯山鎮

三峯神社
御守護

寳登山神社御守護

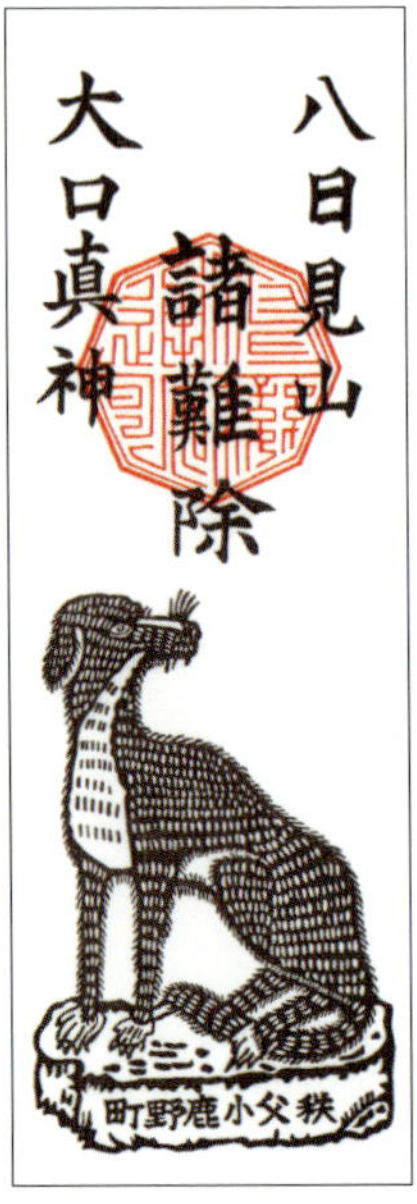
八日見山
諸難除
大口真神
秩父小鹿野町

城峯社
大口真神
守護

武藏國
大口真神
御嶽山

御眷属

火災除
若御子神社御守護
盗賊除

火盗四足除

巖根大神
武州秩父郡長瀞町

山住神社

両神神社
大口真神
四足除

郷社
城峯神社

甲斐國金峯山
金櫻神社

新編 **オオカミは大神** 狼像をめぐる旅 —— 目次

はじめに　10

I　オオカミとの出会い

椋神社のオイヌゲエとは？　14
狼の棲む秩父桃源　22
オイヌゲエをハシゴする　28
お犬さま信仰の三峯神社と武蔵御嶽神社　38
コラム・狼の伝説　送り狼　49

II　狼像の聖地へ

「ニホンオオカミ」から「お犬さま」へ　52
関東平野の狼像　59
東京都渋谷区＝宮益御嶽神社　59／台東区＝下谷三峯神社　63／杉並区＝宿町御嶽神社64／足立区＝千住神社　66／足立区＝上谷中稲荷神社　67／荒川区＝三河島三峯神社　68／練馬区＝土支田八幡宮　69／練馬区＝八坂神社　71／大田区＝多摩川浅間神社　72／茨城県ひたちなか市＝平磯三峯神社　74／茨城県筑西市＝三峯神社　76

奥多摩のユニークな狼像　78
東京都檜原村・あきる野市＝臼杵神社　78／東京都あきる野市＝小和田御嶽神社　81／東京都檜原村＝鑾野御前神社と貴布禰神社　83／東京都檜原村＝大嶽神社　86
七ツ石神社の再建プロジェクト　92
コラム・狼の伝説　狼の恩返し　100

III　大神への祈り

岐阜県と静岡県の狼信仰　104
東北地方の狼信仰　128
西日本の狼信仰　148
船上神社の狼送り　154
コラム・狼の伝説　鍛冶屋の婆　161
新編特別附録　狼像鑑賞術　162
おわりに　172
参考文献一覧　175

カバー・本文写真——青柳健二

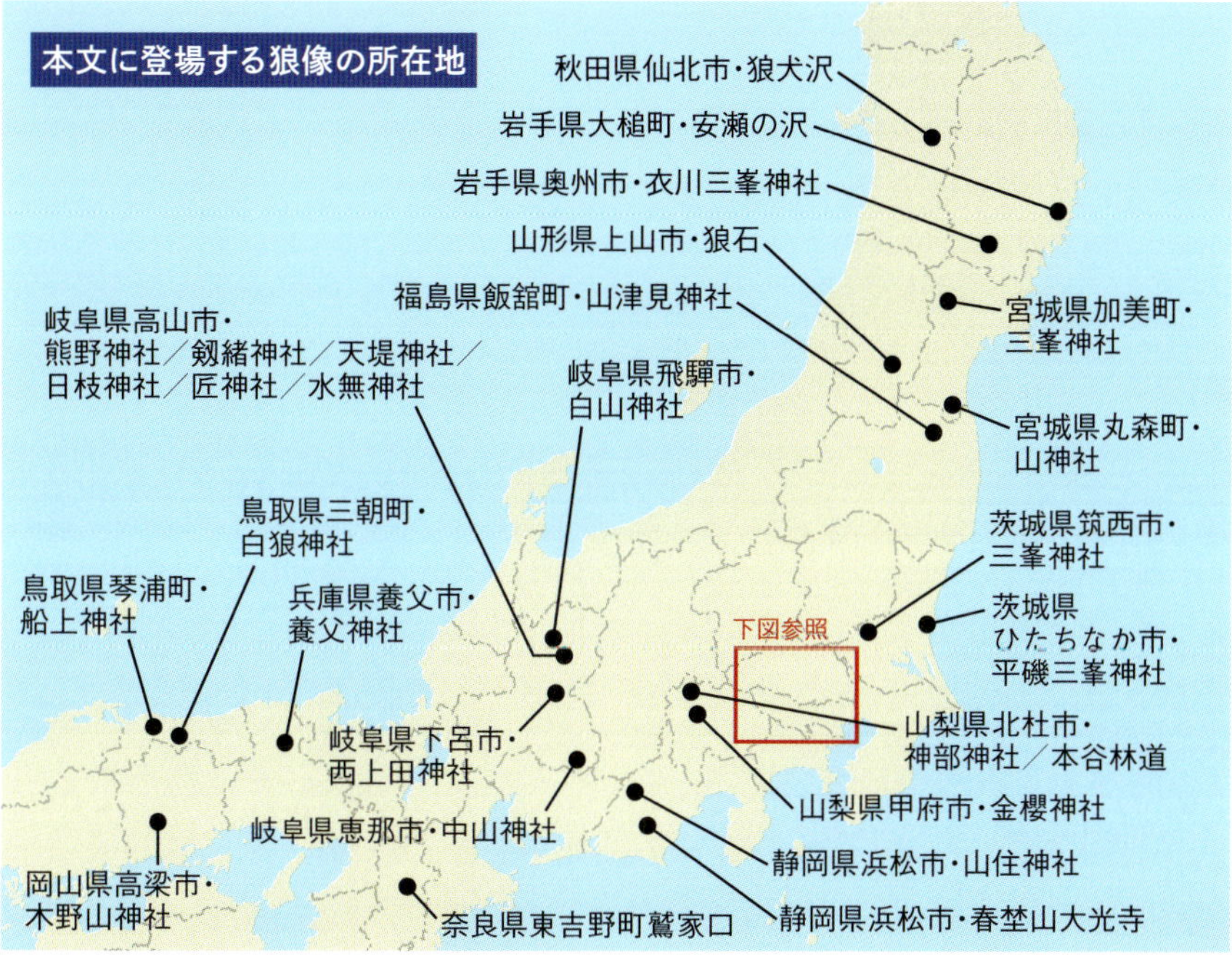
本文に登場する狼像の所在地
秋田県仙北市・狼犬沢
岩手県大槌町・安瀬の沢
岩手県奥州市・衣川三峯神社
山形県上山市・狼石
福島県飯舘町・山津見神社
宮城県加美町・三峯神社
岐阜県高山市・熊野神社／剱緒神社／天堤神社／日枝神社／匠神社／水無神社
岐阜県飛騨市・白山神社
宮城県丸森町・山神社
鳥取県三朝町・白狼神社
茨城県筑西市・三峯神社
鳥取県琴浦町・船上神社
兵庫県養父市・養父神社
茨城県ひたちなか市・平磯三峯神社
下図参照
岐阜県下呂市・西上田神社
山梨県北杜市・神部神社／本谷林道
山梨県甲府市・金櫻神社
岐阜県恵那市・中山神社
静岡県浜松市・山住神社
岡山県高梁市・木野山神社
奈良県東吉野町鷲家口
静岡県浜松市・春埜山大光寺

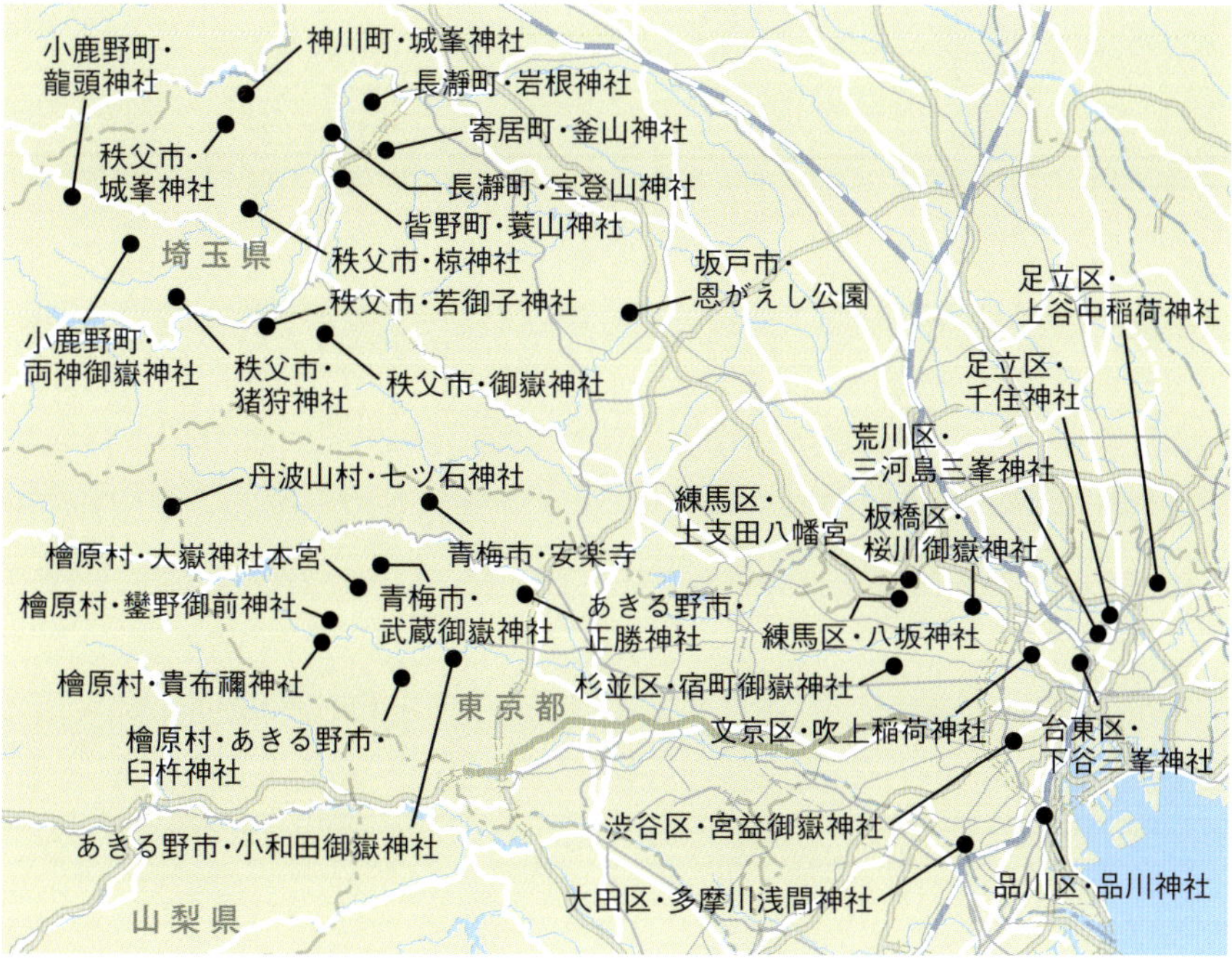
神川町・城峯神社
小鹿野町・龍頭神社
長瀞町・岩根神社
寄居町・釜山神社
秩父市・城峯神社
長瀞町・宝登山神社
皆野町・蓑山神社
埼玉県
秩父市・椋神社
坂戸市・恩がえし公園
秩父市・若御子神社
足立区・上谷中稲荷神社
小鹿野町・両神御嶽神社
秩父市・猪狩神社
秩父市・御嶽神社
足立区・千住神社
荒川区・三河島三峯神社
丹波山村・七ツ石神社
練馬区・土支田八幡宮
板橋区・桜川御嶽神社
檜原村・大嶽神社本宮
青梅市・安楽寺
檜原村・鑾野御前神社
青梅市・武蔵御嶽神社
あきる野市・正勝神社
練馬区・八坂神社
檜原村・貴布禰神社
杉並区・宿町御嶽神社
東京都
文京区・吹上稲荷神社
台東区・下谷三峯神社
檜原村・あきる野市・臼杵神社
渋谷区・宮益御嶽神社
あきる野市・小和田御嶽神社
品川区・品川神社
大田区・多摩川浅間神社
山梨県

はじめに

ニホンオオカミは、明治38年1月23日、奈良県東吉野村の鷲家《わしか》口《ぐち》で、東亜動物学探検隊員の米人マルコム・アンダーソンに売られた雄の標本を最後に絶滅したといわれています（しかし、まだ生存を信じている人もいます）。現在、東吉野村小川（旧鷲家口）に、最後の狼を記念してニホンオオカミの等身大ブロンズ像が建てられています。

オオカミは絶滅しましたが、「オオカミは大神《おおかみ》（狼）になって生き続けている」といったら、何をいっているの?と訝《いぶか》しがられるかもしれません。

どういうことかというと、今でも全国に狼信仰の神社は多いのです。読者が登山のとき、何気なく見ている山中の神社や祠《ほこら》に鎮座する石像が、実はいわゆる狛犬ではなくて、狼像だったりするかもしれません。狼信仰の神社の多くにはこのように狼像が鎮座し、狼の姿が入ったお札を頒布しているところもあります。

私の興味は、「オイヌゲエ（お犬替え）って何?」から始まって、「狼像がこんなにもあるのか」とか「狼像ってかっこいいなぁ」

と思ったことをきっかけにして、「じゃぁこの狼像は、いったいどういう由来があるんだろう?」と調べていくうちに、全国で脈々と受け継がれている狼信仰や人と狼との係わり、もっといえば、人と自然との係わりについて知ることになる旅へとつながったのです。

狼像や狼信仰に魅せられて、関東地方はもちろんのこと、東北地方や中国地方まで旅をしました。これはその探像譚です。

奈良県東吉野村・ニホンオオカミの像

I オオカミとの出会い

椋神社のオイヌゲエとは？

埼玉県秩父《ちちぶ》市の中心部から車で20分、城峯《じょうみね》山の南麓に位置する秩父市吉田地区（旧吉田町）に椋《むく》神社が鎮座する。ここは「龍勢《りゅうせい》祭り」で有名な神社でもある。

龍勢とは、竹製ロケットのことで、地域ごとにその高さや華やかさを競う祭りだ。もともとは江戸時代に始まったというが、同じような竹製ロケットを飛ばす祭りは、タイ・ラオス・中国南部に住んでいるタイ系民族にもあって、水を司る龍（ナーガ）に見立てたロケットを飛ばすことで、雨が順調に降って（多くても、少なくてもダメ）くれることを願う神事でもある。もしかしたら、龍勢のルーツは、ここにあるのかもしれない。

そんな龍勢で有名な椋神社には、毎年4月上旬「オイヌゲエ」という祭りも伝わっていることを知った。「お犬替え」が訛《なま》った言葉だそうだ。

お犬を替える？　いったいどんな祭りだろう？

5年前からビーグル犬（名前はヴィーノ）と暮らしているので興味がわいた。「犬」とついた地名があれば行ってみたくなるという性分で、これまでも愛媛県の「犬寄峠《いぬよせ》」、鳥

白煙を上げ爆音とともに龍勢が空へ向かう

カラフルな煙を出しながら落ちてくる龍勢

竹製ロケットを発射場まで運ぶ

椋神社境内に建つお犬さま（狼）像

神楽の舞と神楽殿横のお犬さま像

お犬さま像の後ろに回り込む尾

取・岡山県境の「犬挟峠《いぬばさり》」、京都府の「犬打峠《いぬうち》」、愛知県の「犬山城」、山梨県の「犬目宿」などを訪ねていたが、「犬」のつく祭りは初めてだったので、なおさら見てみたくなった。

古い犬を新しい犬と替えるなどと聞くと、犬の譲渡会か何かと勘違いしそうだ。問題犬を忠犬と取り替えてもらう？　ヴィーノが聞いたら卒倒してしまうだろう。

たぶん祭りには、秩父の猟犬が集まって、何か獲物に感謝する神事が行われるのではないかと想像した。私はたくさんの犬が神社に集まるイメージを勝手に抱いたのだった。なんだか楽しそうだ。

とにかく、どんな祭りかこの目で確かめよう。百聞は一見にしかずだ。写真は現場に立たなければ撮れないもの。とにかく出かけることが写真家には必須なのだ。まずはあまり知識を持たないうちに現場に立ったほうが先入観を持たないで祭りを見ることができるのではないか、とも思った。

平成24年4月5日、その機会が訪れ、私たち夫婦は「お犬」の祭りにヴィーノも連れていくことにした。「犬」のつく祭りに犬連れはふさわしいのではないかと。いろんな犬にもたくさん会えるだろうと期待もして。

午前10時ころ椋神社に到着した。境内《けいだい》では祭りの準備をしているらしい法被《はっぴ》を着たたくさんの人が行き来していた。社殿前にはきらびやかなお神輿《みこし》が置いてある。神楽殿からは雅楽の音が響き、舞が奉納されていた。何の演目か、見物人が数人、カメラを構えていた。

浮き浮きした、落ち着かない感じが祭りの始まりを予感させた。しかしそこに犬の姿はなかった。想像していた祭りとは違っているようだった。

軽トラックが使われる神輿の巡行

社務所では、氏子《うじこ》さんたちがお札《ふだ》などを準備していた。受付のようなところに、珍しいお札が並べられていたので、私もいただくことにした。住所や名前を聞かれて答えると、係の人は毛筆で記帳した。

私は初穂料を出し、そのお札をいただいた。左に黒い犬、右側に白い犬がお座りしている姿がデザインされたお札だった。しかし、ずいぶん痩せた犬だ。あばら骨が浮き出ていて少し怖い雰囲気を醸している。少なくとも、最近はやりの「かわいい」姿ではなかった。

床にお札を並べて何枚も写真に撮った。それを見ていたおじいさんが、明らかに私たち夫婦は、毎年祭りに来ている人間ではなく、犬連れでもあるし、物見遊山の人間だとわかったらしく、

「そんなに興味があるなら、これを見たらいいですよ」

といって、ある小冊子を奥の部屋から持ってきて見せてくれた。

それは『あしなか』(山村民俗の会)という小冊子で「お犬信仰特輯《とくしゅう》」とあった。40ページほどの小冊子をぺらぺらとめくってみた。すると中ほどに犬の絵のお札が並んでいた。ページをめくるたび、何か、私の心の深いところをくすぐられるような気がした。ざわついた。これは何かあるという私の好奇心がむくむくとわき上がってきた。

そして知ったのだ。実は、この「お犬」とは「犬」のことではなくて、実際は「ニホンオオカミ」のこと、このお札に描かれている動物も、犬ではなくて、ニホンオオカミであること、だからこんなに痩せた姿で、しかも怖い姿であることを。

変わった祭りだなぁと思った。俗にいうところの「奇祭」か。そもそも、「お犬」が「ニホンオオカミ」とわかったところで、それをどうして替えるのか、替えなければなら

オイヌゲエで世話人が各種のお札を準備する

ないのか、わからなかった。

「お札は玄関に貼ったり、神棚に祀《まつ》ったりしますよ。農家ではお札を枝に挟んで田んぼに立てたり、ちぎって畑にまく人もありますねぇ」

と、そのおじいさんは教えてくれた。昔は、この椋神社のオイヌゲエに2万人もの人たちが秩父各地から集まってきたが、今は少なくなった。親から子へ世代が交代したとき、オイヌゲエに来なくなってしまう家もあるそうだ。

それはそうだろうと内心思った。いまどきそんな古臭い狼のお札をもらいに来る人はいないだろう。特に若い人は関心がないのではないか。

その日、境内の神楽殿では演目が何座も奉納され、街中を神輿も練り歩いた。

そして気がついた。「あれっ？　これって……」神楽殿の横に建っている立派な狛犬が、いわゆる中国経由のオリエントの獅子がルーツの狛犬ではなくて、狼に見えたことに。

私はおじいさんに見せてもらった小冊子を写真に撮

奉納された秩父気楽流柔術

った。コピーの代わりだ。あとでじっくり読んでみようと思ったからだ。家に帰ってからあらためてオイヌゲエを調べてみると、このオイヌゲエがどのような意味を持った祭りなのか、だんだんわかってきた。

西洋では、家畜を食べられるなどの被害が深刻で、狼は人間の敵でしかなかった。有名なのは『赤ずきん』や『三匹の子豚』の狼のイメージではないだろうか。

しかし日本の場合、本州を中心に棲息《せいそく》していたニホンオオカミはそれほど大型ではなかったこともあるし、また牧畜が発達しなかったので、狼は人間にとって、むしろ田畑を荒らす猪や鹿などを追い払ってくれる益獣だった（東北の馬産地は除く）。狼信仰はこの農事の神としての信仰から生まれたという。

もちろん山に棲《す》む狼が恐ろしい動物であったのも事実だったようで、狼被害に遭った記録も残っている。益獣として人を助けてくれる面と神秘性や畏《おそ》れ、この両面性を持っていた動物は、まさに人々の信仰の対象としてふさわしいものだったのだろう。

しかし狼は、神そのものではなく、多くは「眷属《けんぞく》」だという。山の神の使い、眷属となった狼を「お犬さま」「御眷属様」と呼んで信仰しているのだ。

ちなみに「お犬」という呼び名は東北地方に多く、「お犬さま」になると、関東・甲信あたりの範囲になるようだ。

あとで知ったが、一般的に授与されているお札ではなく木箱に入ったお札が重要なのだという。オイヌゲエの「御眷属拝借」とは、もともとはこの木箱に入った「御眷属様」を拝借し、祠などにお祀りし、1年後に返却し、ふたたび新しい「御眷属様」を借りるものだったのだ。

この木箱には、狼が息ができるように小穴が3つ開けてあるのだそうだ。つまり、この木箱に入った「御眷属様」は、本物の狼と同じで、1年経って霊力が弱くなった「御眷属様」と交換してもらうわけである。替えるのはそのためだった。

椋神社のオイヌゲエに行ったときは、狼信仰が全国に点在していることなどもまったく知らなかったし、今、こうして全国の狼像・狼信仰の場を200カ所以上訪ね歩き、これほどのめり込むとは予想もしなかった。

とにかく、狼信仰には、私の心の奥底を刺激するものがあったということ。そしてこの狼信仰のシンボルである狼像が、かっこよすぎたのだ。バリエーション豊富な狼像にすっかり魅了されてしまったといえる。要するに一目ぼれだ。

椋神社のお犬さまのお札

狼の棲む秩父桃源

東京都心から意外と近いにもかかわらず、山のイメージの強い秩父とはどのようなところなのだろうか。

私が初めて本格的に秩父の写真を撮り始めたのは、椋神社の龍勢祭りだった。その後、さまざまな祭りがあることがわかって訪ねるようになった。たとえば、秩父夜祭りは別格として、ジャランポン祭り（葬式祭り）、悪魔祓いの祭り、親鼻《おやはな》祇園《ぎおん》（夜川瀬）とかだ。こんな祭りがまだ残っていたのかと感動したのだが、それは私が若いころ、中国雲南省や貴州省に延べ20数カ月滞在し、少数民族の祭りや生活に魅《ひ》かれ写真を撮ったことを思い出したからだ。

そこにオイヌゲエも加わることになった。

秩父を「桃源郷」と呼んだりしたら、秩父の人たちから「そんなところではない」といわれてしまうかもしれないが、そもそも桃源郷は外の人間から見た「あこがれ」でもあるだろう。雲南省と同様に、秩父には桃源郷と呼びたくなるような魅力が備わっていると私は思っている。

城峯山から見た秩父の山並み

桃源郷の条件をあげるなら、まず、秩父は周りを山々に囲まれた、ほどよい広さの盆地であること。中国六朝《りくちょう》時代の詩人・陶淵明の『桃花源記』では、漁師が桃の咲き乱れる林の奥に見つけた狭い洞窟をくぐり抜けると、そこには花が咲き乱れ、戦乱を知らない穏やかな人たちが住む楽園があったという。

『桃花源記』のほか、山の中の理想郷をテーマにした小説や映画でも、桃源郷に入るには、険しい山越えをしたり、危険地帯を通り抜けたりしなければならないと相場は決まっているようだ。いや、そういう苦労があるからこそ、抜けた先には桃源郷が現れるといってもいいかもしれない。

今でこそ、秩父へは熊谷《くまがや》市から国道140号線と秩父鉄道、飯能《はんのう》市から国道299号線と西武鉄道が通じている。そして平成10年4月23日には、ついに日本三大峠のひとつ、難所といわれた雁坂《かりさか》峠にもトンネルが開通し、山梨県とも楽に往来ができるようになったが、それまでは山々に囲まれ、閉ざされた盆地であったことは間違いない。

いや、「閉ざされた」という表現は正しくないかもしれない。それこそ、現代的な感覚から見た錯覚だろう。昔から山道が方々に通じていたのだ。峠道を通って、人や物や情報が活発に行き来していた。だから決して閉ざされていた土地とはいえないだろう。

このような盆地で年間200を超す祭りや神事が行われ、歌舞伎、人

皆野町の親鼻祇園（夜川瀬）。神輿の川瀬渡御が夜に行われる

形芝居、神楽、獅子舞などの芸能が脈々と生き続けている。1年を通してさまざまな花が咲く。日本の縮図ともいわれるように、すべてがこの盆地内で事が足りる小宇宙を作る。何といっても、飾らないが、外の人間を拒まない秩父人の性格。祭りを見に行っても、村々を訪ねても、嫌な顔をされたことがない。

こういったひとつの小宇宙を「桃源郷」と呼んでも、それほど間違った表現ではないような気がするのだ。つまり、それは私の「あこがれ」でもある。

秩父に生まれ、秩父を記録した写真家清水武甲《ぶこう》氏も、『秩父Ｉ　風土考　清水武甲文集』の中で、こう語っている。

〈この山塊を語り、そして見るときに、山は山、生活は生活と、切離して見ることはできないのです。もし切離してこの山塊を見る人があるとすれば、この山塊ほどつまらぬ山はないと感じると思います。／この山塊は人間生活との関わりがあればあるほど、山塊としての魅力が出てくると思うのです〉

人を抜きにしては語れないのが秩父の山々。人の暮らしを見ることが、山の魅力を知ることにもつながるということだ。

このような桃源郷・秩父にかつては狼が棲み、人々は、神や神の使いとして崇《あが》めていた。狼信仰は秩父の人たちの暮らしに深く根差してきた。盆地内を歩いていてもいつも視界に入る、長く信仰の山として、秩父

疫病がはやらないことを願うジャランポン祭り（葬式祭り）

悪魔に扮した村人が家々を周る悪魔祓いの祭り

秩父札所の巡礼古道から武甲山を望む

を象徴する山として存在し続けてきた武甲山も狼信仰と係わりがある。

山頂付近には御嶽《みたけ》神社が鎮座する。横瀬《よこぜ》川に流れ込む支流、生川《うぶかわ》の上流、生川・一の鳥居の脇にも狼像が建っている。狼信仰が濃厚に感じられる山なのだ。

ここから神秘的なスギの大木が立つ「大杉の広場」を経由して2時間ほど登ると、山頂の御嶽神社に至る。ここでお犬さまが迎えてくれる。

御嶽神社の裏側には展望台があるが、眼下に石灰石の採掘場を見下ろし、横瀬や秩父の市街地、丸山、宝《ほ》登《ど》山、城峯山などを見渡すことができる。

武甲山から西のほうへ視線を移動すると、盆地の南側に屏風《びょうぶ》のように連なる熊倉山、雲取《くもとり》山、雁坂嶺、甲《こ》武信《ぶし》ヶ岳など、さらには秩父には珍しく荒々しく切り立った山容の両神《りょうかみ》山に囲まれ、秩父がまさに累々《るいるい》と連なる山ふところの盆地に拓かれた山里であることが手に取るようにわかる。また、天気がよければ、遠くに浅間山や八ヶ岳なども望むことができる。

この山々のどこかにまだ狼が生きているといわれたなら、それはありえるかもしれないと思ってしまうような風景でもある。

ただ秩父が「桃源郷」とは一点だけ違うところがある。『桃花源記』では、漁師が桃源郷を離れ、役人を連れて再び行こうとしたが、二度と入口の洞窟は見つからなかった。「桃源郷」は一度離れると、二度と戻れないところでもあるようだ。

その点、秩父にはもちろん拒否されることもないし、何度行っても飽きない魅力的な山里なのだ。

狼信仰と係わりの深い武甲山

武甲山の山頂に鎮座する御嶽神社を守るお犬さま像

オイヌゲエをハシゴする

椋神社のオイヌゲエで見せてもらった『あしなか　お犬信仰特輯』の中には、オイヌゲエでお札を頒布している秩父周辺の神社のリストが載っていた。

4月5日　吉田町　椋神社
4月14日　荒川村　若御子《わかみこ》神社
4月15日　荒川村　猪狩《いかり》神社
4月17日　長瀞《ながとろ》町　岩根神社
4月17日　寄居《よりい》町　釜山神社
4月18日　両神村　両神神社
5月3日　吉田町　城峯神社
5月5日　両神村　両神御獄神社
5月5日　神泉村　城峯神社
5月8日　小鹿野《おがの》町　龍頭《りょうかみ》神社

猪狩山の麓に鎮座する
猪狩神社の里宮

特定日無し　大滝村　三峯《みつみね》神社
特定日無し　長瀞町　宝登山神社
現在は無し　皆野《みなの》町　蓑山《みのやま》神社

椋神社以外にも、秩父地方の12社くらいで、いまでもお犬さまのお札を頒布しているという。こんなにあるのかと驚いた。これは全国的に見ても珍しい地域で、秩父地方が狼信仰においては中心地のひとつであることを意味していることをあとで知った。

独特の狼が配されたお札の絵柄には、素朴な味があって魅了される。白と黒の狼像、黒と黒の狼像が向かい合っている図、あるいは1頭だけが座っている図などさまざまある。あばら骨が浮き出た姿は印象的だ。ただ、この小冊子『あしなか』の発行年が平成6年であり、もう20年前の話だ。当時はお札を出していたのかもしれないが、今はすでに出していないのではないかとも思った。

椋神社でオイヌゲエに参加してから、私は、ほかのオイヌゲエも知りたくなった。はたして今でも、お札を授与しているのだろうか？　そんな疑問も持ちながら。仮にお札はなくとも、狼像はあるかもしれない。それはどんな姿をしているのだろうか。気になってしかたなくなった。

それでリストにしたがって、4月15日、秩父市荒川（旧荒川村）の猪

猪狩神社でお犬さまを替えてもらう

猪狩神社里宮のお犬さま像

狩神社のオイヌゲエを訪ねた。猪狩神社も狛犬はお犬さま（狼）像らしい。

前日の雨のせいで、空気はしっとりと湿っていて、急な石段の先の、猪狩山を背に建っている200年前の立派な社殿のまわりには幽玄さが漂っていた。

猪狩神社のお札には「火盗四足除」と書かれていた。火災、盗難、害獣除けだ。200年も刷り続けられてきたもので、狼の姿はわかるものの、かなり年季が入っている。版木がだいぶ磨《す》り減っているようだ。しかし昔からの版木で刷っているものは絵がかすれて年代を感じさせるが、かえってそこがいいともいえる。

世話人たちの話によると、この祭りを「オイヌゲエ」とは呼んでいないそうで、あくまでも「春の例大祭」ということらしい。オイヌゲエという呼び名は椋神社だけなのだろうか。しかし内容はオイヌゲエそのものだ。

現在、埼玉県内の猪狩講を中心に、180組くらい訪れるとのこと。神社の拝殿でお祓いを受け、木箱に入った去年のお犬さまを新しいお犬さまと替えてもらう。そういう信者の人たちが次々に現れる。

長瀞町・岩根神社のお犬さま像

私も奉納金を納めてお札をいただいた。そのあと招待券をもらって集会所へ行き、弁当の稲荷寿司や神酒《しんしゅ》を受け取った。長椅子に座って、その稲荷寿司をご馳走になった。

その後は4月17日の、長瀞町の岩根神社や、寄居町の釜山神社へもお参りして、お札をいただき、奉納してある多くの狼像の写真を撮った。

ゴールデンウィークに入ってからも、私たちのオイヌゲエめぐりは続いた。5月3日には、秩父市の北の端《はし》にあり、埼玉・群馬県境に位置する城峯山に向かった。途中石間《いさま》の集落を通過したとき、大勢の子供たちを追い抜いた。城峯山まで登るらしい。5月3日は、城峯山の山開きにも当たっていたのだ。

山道を曲がりくねりながら、ようやく城峯神社に着いた。ここはキャンプ場にもなっている。また30分歩けば、城峯山頂の展望台にも行ける。３６０度のパノラマ風景もすばらしい。

鳥居の先の参道の両側には、奉納者の名前を書いた「千本旗」という白い紙がずらりと並んでいる。60メートルほどの参道を上っていくと広い境内に到着する。階段の先の高くなったところに城峯神社の拝殿が見える。

石段を上ったところに石灯籠《いしどうろう》と鳥居があり、鳥居をくぐりさらに13段の石段を上る。上り切ったところの両側にお犬さま像が向かい合って並んでいる。

口が赤く、目が金色に光っている。狼は夜行性の動物で、暗闇で目が光ることに人々が強烈な印象を受けたという表現だろうか。前足には苔《こけ》が生《は》えて、それがまるで実際の犬や狼の毛並みに見えてくる。

金色の目と赤色の口が印象的な城峯神社のお犬さま像

神事が行われた
神川町・城峯神社

拝殿でお参りしたあと、各種お札を授与している人たちがいたので、そこでお札を譲ってもらう。「城峯社　大口真神守護《おおくちまがみ》」と書かれ、その下に向かい合うように黒と白のお犬さまの姿が刷られている。同じ絵柄だが大きなものと小さなものがあったので、私は大きいほうをいただいた。甘酒と甘い麦茶のおもてなしがあった。

城峯神社を後にして、山を下り、小鹿野町まで行き、龍頭神社に寄ってみた。ここには、明治40年1月に奉納された一対《いっつい》のお犬さまの像があった。お札もいただいたが、後ろを振り返る姿のお犬さまの絵柄だった。

いよいよ季節は初夏に入ったようで、朝から快晴で気温はどんどんと上昇した。5月5日は、埼玉県神川町（旧神泉村）の城峯神社のオイヌゲエを目指した。お札をいただき、お犬さま像の写真を撮り、お札を刷る版木の展示を見て、すぐに神社を後にした。

5月5日はほかの神社でもオイヌゲエだったのだ。1日で複数箇所をめぐるのはけっこう忙しい。しかしこの日を逃すと1年先になってしまう。なるべく多くのオイヌゲエをめぐってみたかった。

私たちは、いつの間にか、お犬さまに夢中になりつつあった。お犬さまは、私たちをどこへ導いてくれるのだろうか。それは私たちがまだ知らない世界、目に見えない世界かもしれない。異界に棲む何者かが、私たちに「おいで、おいで」と手招きしているようにも感じる。しかし、

神川町・城峯神社に展示
されていたお札の版木

ぞくぞく、わくわくするが、決してそれは嫌な感じではないのだ。

いったん下久保ダムを渡り、国道462号線を西に進んだ。さすがゴールデンウィーク、行楽客の車で渋滞をしている。神流《かんな》町役場の手前で県道71号線に左折して秩父盆地へ戻った。小鹿野町の両神御嶽神社へ向かう。

神社は両神山の中腹にある。ただ、車のナビにも入っていない神社なので、あらかじめ調べておいた神社の番号に電話して、道の分岐点の目印になるものを聞いた。すると、「浦島口というバス停の角を入って最後まで上ればわかります」と教えてくれた。

浦島口を探すのに苦労して、行ったり来たりしてしまったが、ようやくバス停と、神社への案内板や、お祭りを示す幟《のぼり》を見つけた。

バス停から数分山へ分け入ると数軒の民家を通過した。しかし、うっそうとした山道へ入るにつれて不安が募ってきた。こんな山の中に神社があるのだろうか。たまたま向こうから軽自動車がやってきたので、手を振って車を停め、「両神御嶽神社はこの先ですか?」と聞いた。おばあさんは「急な坂を上っていきますが、一本道なのでわかります」と教えてくれた。おばあさんはおめかししていたので、オイヌゲエの帰りかもしれない。

4台ほど停められる駐車場のすぐ先には民家が並んでいた。地元の奥さんたちが上っていった階段を、私たちも後ろからついていくと、民家の敷地のようなところに出てしまった。神社は?と奥さんに聞いたら、この先ですというので、幅50センチほどの敷地内通路を、そのまま建物を回り込むように進むと、左側に突然社殿が現れた。

土地が斜めなので、神社の境内も今まで訪ねた神社の中では一番狭く、ほんとに普通の民家の庭先のような感じだ。

両神御嶽神社の社殿を
守るお犬さま像

両神御嶽神社でふるまわれた山菜料理

拝殿の前には、1メートル半の間隔を置いて、一対のお犬さまの像が向かい合っている。耳が後ろに流れていて、まるでおじさんのオールバックのようだ。

拝殿に上ると、宮司《ぐうじ》たち数人が畳に座っていた。参拝して、さっそくお札をいただいた。お札は3枚が1セットになっている。普段初穂料として1000円だが、今日はオイヌゲエなので700円と安くしているという。

左右どちらのお札にも「武藏國秩父嶽　火防盗賊除　両神大神社」とあり、お犬さまの姿がある。左側のお犬さまは、黒ぶちがある。またほかに、「両神大神火防盗賊除御璽」というお札は、宮司自らが手で刷っているという。今では業者に頼んで印刷してもらっているお札が多いと先日聞いたので、手刷りのお札は貴重だ。それだけで心がこもっているように感じられるし、信者の人たちも嬉しいだろう。

「さっき電話くれた方ですか?」と聞かれたので、「そうです」というと、「わかりにくかったでしょう?」といった。確かに知っている人しかやってこないような山の中の小さな神社だが、だからこそオイヌゲエの

両神御嶽神社の拝殿

伝統が一番残っているのもここなのでは？と、あとで思った。

ところで、40年前まで、オイヌゲエは5月8日だったが、時代の流れで、信者さんが来やすいように、5月5日に変更したとのこと。今でも１５０組ほどがオイヌゲエにやってくるという。

宮司が、「お茶、どうぞ」と、私たちを縁側に招いてくれた。

「何もないですが、よかったら食べてください」といって出してくれたのは、フキ、タケノコ、シイタケ、コンニャクの煮物、フキノトウやゼンマイの和《あ》え物、キュウリの漬物。ほとんど全部は山に生えているものだ。こんなにおいしい煮物を食べたのは初めてだ。

強い日差しの中、涼しい縁側でごちそうになるお茶と、山菜料理のおもてなしに、思わず感謝。冷えたお茶を飲んで落ち着いた。

「今年は暖かかったので、料理の味付けは濃い目にしたんです」という。気候によって味付けも微妙に変えるこだわりようだ。来てくれた人たちには、こうしたおもてなしをしているという。まるでアジアのどこかのお寺にでも来ている温かさを感じた。

こんなところがまだ東京都心に近い関東圏に残っていること自体、奇跡といえるほどで、やはり秩父を「桃源郷」と呼んでしまいたくなる。

宮崎 駿《はやお》監督の『もののけ姫』にも狼が登場する。白く大きな３００歳の犬神、モロの君。もののけ姫のサンがモロの君に育てられたという設定だ。サンは、自然と人間の橋渡しをする立場でもあった。

狼の息ができるように3つの穴が
開いた御眷属守護の箱

オイヌゲエという祭りは、狼という姿を借りて、山・自然と人間の関係性を考えるきっかけにもなっているのかもしれない。

ちょうど先日、築地市場では魚の供養祭が行われていることをニュースで知った。これもまた日本人の、自然との関係性が垣間《かいま》見えるものなのかなと思う。日本人は、人間だけ独立して存在するのではなく、森や海や狼や犬や魚など、草木虫魚、あらゆる自然との関係性を大切にしてきたのではなかっただろうか。

オイヌゲエとはなんなのだろう？

おいしい山菜料理の数々は、山に暮らす人たちが、山から恵みを受けてきた確かな証だ。その感謝の表現としてオイヌゲエがあるようにも思えてきた。

オイヌゲエが古臭い行事だと思っていた私の考えが、秩父のオイヌゲエをめぐるにしたがって、少しずつ変わってきた。古臭いわけではない。むしろ現代人には必要なのかもしれない。もちろん、形としてはこのまま続いていかないと思うので、現代的なアレンジは必要だとは思うが。

日本ではオオカミは絶滅してしまったという。森の神が消える（神を殺す）ということの意味は、文字通り狼を殺すこと以上に、自然との関係性を断つものなのだなぁとあらためて思う。だから都会化した人たちの自然回帰で「パワースポット」が人気になっているのは、自然の成り行きかもしれない。

私たちは、宮司の温かいおもてなしにお礼をいって神社を後にした。

お犬さま信仰の三峯神社と武蔵御嶽神社

埼玉県秩父市（旧大滝村）の三峯神社と東京都青梅《おうめ》市の武蔵御嶽神社は、関東地方でのお犬さま信仰の二大聖地といってもいいだろう。

三峯神社は、最近はパワースポットとして人気で、訪れる人も多い。白いお守り「氣《き》守《まもり》」が異常な人気を博し、とうとう頒布休止の事態にまで陥ったほどだ。

神社の由来によると、景行《けいこう》天皇の時、ヤマトタケルが東征中、雁坂峠を出たとき霧の道に迷った。そのときオオカミが現れ、ヤマトタケルはその後をついていった。するとあるところで霧が晴れた。現在の三峯神社のある山に伊弉諾尊《いざなぎのみこと》・伊弉册尊《いざなみのみこと》を祀った。オオカミは三峯の神の使い「眷属」になった。眷属とは神の意志を伝える動物で、三峯神社では「御眷属様」と呼ばれている。

神社への入口、三つ鳥居の両側に一対の像が鎮座する。これは狛犬ではなくて、三峯神社のお犬さま（御眷属様）の像だ。筋肉質のムキムキの体をしていて、神域を守るにはふさわしい力強さを感じる。境内にはほかにも複数のお犬さま像が鎮座している。

秩父でお犬さま（御眷属様）信仰が盛んになったのは享保5年（1720年）、三峯神社に入山した大僧都《だいそうず》「日光法印」が、境内に狼が満ちたことに神託を感じ、「御眷属拝借」

岩手県奥州市の衣川三峯神社

と称して、狼のお札の配布を始めたのがきっかけだといわれている。

以来、三峯信仰は全国に広まり、三峯講が組織され、三峯山の名は全国に知られた。現在も岩手県奥州市の衣川《ころもがわ》三峯神社をはじめとして、東北各地に三峯山の影響力が残っている。

埼玉県寄居町にある川の博物館で平成29年7月15日から9月3日まで、特別展「神になったオオカミ　秩父山地のオオカミとお犬様信仰」が開催された。

この特別展は、動物としてのオオカミと、神として崇められたオオカミ（お犬さま）を紹介していた。展示物は、日本国内で三体のみ確認されているニホンオオカミの剥製《はくせい》（和歌山大学教育学部蔵）をはじめとして貴重なものが多く、狼好きの人間にとってはたまらないものだったと思う。

この関連イベントとして講演会「ニホンオオカミと三峯」が行われたので私も参加した。

三峯神社では、どのようにお犬さま（御眷属様）信仰が始まったのか、そして江戸時代には多くの人が参拝したこと、オオカミの民俗学的な視点からの話を主に、あとは秩父で発見された動物の毛皮がニホンオオカミのものだったとわかったときのエピソードなどが紹介された。

狼信仰は、一般的には、害獣の鹿や猪を食べてくれる益獣としての信

浅草寺内の三峯神社

仰から始まったが、とくに江戸で流行した理由は、火防・盗賊除けの守り神としてだったという。

犬は火事がボヤのうちに気がつき、また盗賊が店や蔵に侵入したときも騒いで知らせたり、賊を襲うという習性があることから、お犬さまが火防・盗賊除けの守り神となった。

江戸は「火災都市」と呼ばれるほど、大火が頻繁に発生した。ちなみに江戸時代の265年間に、江戸では49回もの大火が発生している。

浅草の浅草寺《せんそうじ》内に三峯神社があるが、ほかのお堂はみな南を向いているが、火防の守り神として三峯神社は東側の本堂を向いているそうだ。

火を消す水の水源地が三峯など秩父の山であったことも江戸の人たちが三峯を信仰した理由のひとつだったようだ。それは武蔵御嶽神社もそうで、江戸の水源地である奥多摩の山の森の大切さを感じていたのは神社関係者だけではなく、江戸の人たちもそうだったろう。

お犬さま信仰を追ったノンフィクション、小倉《おぐら》美恵子著『オオカミの護符』には、〈庶民がお山に参拝する行いの源には、遥かな古代から脈々と続いてきた「山への信仰」が息づいているように思われた。／私たちの暮らし、いや命は、今も変わらず山から生まれ出る水が支えてくれている〉とある。水への感謝は、山の信仰へとつながっているということなのだ。

現在、三峯神社は関東屈指のパワースポットとして知られているが、

武蔵御嶽神社の黒い大口真神のお札

これは、現代版の自然崇拝・狼信仰といえなくもないだろう。動物・植物・岩・山・洞窟・川など、生物・無生物にかかわらず、すべてのものに霊が宿るという観念は、日本人のアニミズムの痕跡だそうだ。そういった霊的なものが宿るところは、現在「パワースポット」と呼ばれる。新しい自然崇拝の形だ。

　お犬さま信仰は、時代によって変化してきた。お犬さま信仰に求める人々の願いは、最初は、鹿・猪などの害獣除けとして、その後は火災・盗賊除けとして、また安政5年（1858年）に大流行したコレラに効くといって、三峯神社のお犬さま信仰が用いられたこともあった。コレラは、「狐狼狸《コロリ》」と呼ばれ、この世のものではない異界からの魔物の仕業だと信じられていた。その魔物を退治してくれるのがお犬さまというわけだ。

　そして現代は、別な意味も生まれているようだ。そのひとつが、東京都青梅市の武蔵御嶽神社の「お犬さま」にちなんだ犬同伴の参拝ではないだろうか。

　神社のホームページによれば、お犬さまは、病魔・

モミジが美しい武蔵御嶽神社の拝殿

国天然記念物に指定されている「御岳の神代ケヤキ」

御嶽神社旧本殿の常磐堅磐社

盗難・火難除けなどの災い除けの神として、登山や旅行安全の神として、また、「おいぬ」は「老いぬ」にも通じるところから、健康・長寿の神であり、戌《いぬ》は安産・多産なことから、安産・子授けの神としての信仰を集めるようになっているそうだ。

現在、神社では犬同伴の参拝が認められていて（初詣の時期だけは制限される）、多くの愛犬家が、健康祈願などを行うために神社を参拝している。

ホームページには〈近年は「おいぬ様」にちなみ、愛犬の健康を願う人々で賑わうようになりました。そこで当社は愛犬祈願を社頭にて行っています。一年を通し、たくさんのワンちゃん達の健康をお祈りしております〉とある。

ペットに対する気持ちが、昔とは違って、愛するわが子同様に、家族の一員のような感覚に変わってきている。神社が愛犬家の要望を取り入れたのは、時代の要請ともいえるだろう。

私たち夫婦もヴィーノの健康祈願のために参拝することにした。御嶽神社へは、山麓の滝本駅から徒歩で登ることもできるが、御岳山駅までケーブルカーに乗

本殿脇のお犬さまのブロンズ像

ることもできる。犬同伴でも心配はいらない。このケーブルカーは犬も乗車できるのだ（片道大人600円で、犬は10キロ超260円、10キロ以下130円。令和6年10月現在）。

犬を乗せるスペースは、一般客にも配慮されたケーブルカー車両の端にあるので、リードをつないでいればそのまま乗車できる。

急勾配のケーブルカーは約10分で御岳山駅に到着する。そこから御師《おし》（参詣者の世話人）の宿や国指定天然記念物の「御岳の神代《じんだい》ケヤキ」や土産物屋街を抜けていくと鳥居の前に出る。手水舎《ちょうずや》には犬専用の水場も設置されている。

江戸時代後期、御嶽神社のお犬さま信仰は関東一円に広がった。江戸・武蔵・多摩・相模《さがみ》など各地の御嶽講が建てた碑が参道の階段脇に立ち並んでいる。この碑の数を見ただけでどれだけ信仰が篤かったのかよくわかる。

長い階段を上っていくと、どっしりとした狛犬に守られた派手な色彩の拝殿に到着する。

拝殿の隣には社務所があり、お犬さまのお札やお守

大口真神社を守っている狼像

〈右ページ〉
築山にある一体の古いお犬さま像

武蔵御嶽神社奥宮の遥拝所

りをいただくことができる。お札は、左向きの黒いお犬さまの姿が配されたもの。お犬さまのお札としては大型のものだ。

また、社務所では愛犬の健康祈願を受け付けている。予約は不要で、愛犬祈願は大口真神社の遥拝所で行われる。

本殿後ろ側には旧本殿の常磐堅磐《ときわかきわ》社と摂社・末社がある。何年か前のブログを見るとペットも入れたようだが、現在ペットは入れないので、妻とヴィーノには拝殿前のベンチで待っていてもらい、私ひとりで参拝した。

拝殿背後にある、本殿上り口にブロンズ（青銅）のお犬さま像が鎮座している。洗練されたデザインの立派な像だ。近づけないので柵の間から撮影する。

本殿の裏側の古碑が立ち並ぶ築山に、一体だけお犬さま像が建っているのに気がついた。これは前からあった古いお犬さま像らしい。拝殿内の古い写真には、これと同じような像が映っているので、もしかしたら、そのお犬さま像なのだろうか。

さらにその奥には御岳山（標高９２９メートル）の山頂碑があり、隣には大口真神社が鎮座する。大口真神は、狼を神格化した神そのものだ。ここにも、たてがみも凛々《りり》しい一対の新しい石像が守っているが、これは平成19年３月に奉納された。

帰りは、ケーブルカーには乗らないで、滝本駅の駐車場まで登山道を

昭和60年に奉納された北村西望氏制作のブロンズ像

歩いて下りた。駆け出したら止まれなくなるような急坂だが、これから参拝するという犬連れの人たちにたくさんすれ違った。犬は元気に上っていくが、中には、額から汗を流して辛《つら》そうな飼い主もいた。しかし、「疲れる、疲れる」といいながらも、こんなふうに愛犬と登拝できることを幸せに感じていることは、飼い主の顔から一目瞭然だ。

「お犬さま」は生物学的な「ニホンオオカミ」と同じではなく、あくまでも信仰上のイメージだ。日本では西洋とは違い、狼と犬との区別はあいまいな部分があったという事情もあり、「お犬さま」信仰に「狼」ではなく「犬」が加わってもなんら不自然さはないというのが日本的でもあるだろう。

このように、お犬さま信仰に現代的なご神徳が加わっていく（新しい物語が生まれる）ことで、お犬さま信仰はこれからも生き続けていくのではないだろうか。

その時代の人々の意識的・無意識的な願望や価値観の受け皿になるように、神社側も変わっていかざるをえないのかもしれない。

コラム・狼の伝説

送り狼

山梨県北杜《ほくと》市増富《ますとみ》温泉郷を少し上った本谷《ほんたに》林道に、「本谷林道の送り狼」の像が立っている。狼ではなくて、狐のようにも見える可愛らしい像だ。

　像の隣に、解説看板が立っている。それを要約すると、

　江戸の昔、増富温泉から信州峠を経由して佐久《さく》へと抜ける道は、重要な往還として人々の往来が多かった。夜には暗闇の道になった。夜道を歩くと必ずだれかが後をつけてくる。止まると、その気配も止まる。振り返っても姿を見せない。人々は気味悪がって妖怪かもしれないと、坊さんや行者に頼んだが、一向に収まらない。そのうち猟師が仕掛けた罠に一匹の大きな狼がかかった。「人を食おうとして後をつけたのだろう」といって殺してしまった。

　それからは夜道に後をつける気配はなくなったが、反対に、熊や猪に襲われるようになった。「あの狼は、村人の安全を守ってくれていたに違いない」。皆は初めて送り狼の行為を理解して厚く葬ったとさ。

　写真を撮っていると、どこからともなく何かの鳴き声がして、一瞬身構えた。見ると狼ではなく雉《きじ》だった。「送り狼」というと、最近では、下心を持った男のことをいうようだが、昔の民話の中の送り狼は、このように、人を襲わなかったという話が伝わっている。狼の習性でもあるらしいが、テリトリーに入ってきた人間に興味を持って近づいても、近づきすぎないので、気配だけ感じるということだったらしい。

　狼がいなくなったら、反対に、熊や猪に襲われるようになったというのは、今の時代にも当てはまりそうな話だ。

II 狼像の聖地へ

「ニホンオオカミ」から「お犬さま」へ

日本には明治時代まで2種類の狼がいた。北海道のエゾオオカミと、本州・四国・九州に棲んでいたニホンオオカミだ。

北海道大学植物園は札幌市の中心部にあるが、園内は静かで都会のオアシスになっていて、平成元年に国の重要文化財に指定された博物館には、明治時代に絶滅したエゾオオカミの貴重な剝製が展示されている。

アイヌにとってもエゾオオカミは、狩りする神「ホロケウカムイ」として崇められていた。アイヌは馬を飼っていなかったので、馬が狼に襲われるということもなく、狼とは共存してきた。

アイヌは、動物を殺しその魂である「カムイ」を神々の世界に送り還すイヨマンテと呼ばれる儀式で、ヒグマ、フクロウなどと同様に、オオカミも生贄《いけにえ》にした。

イヨマンテで使われたオオカミの頭骨が、新ひだか町アイヌ民俗資料館に展示されている。真ん中に展示されているのがエゾオオカミの頭骨で、その両側にあるのがヒグマの頭骨だ。イヨマンテ儀式の頭骨は、イギリスの大英博物館など世界に3つしかない貴重な資

新ひだか町アイヌ民俗資料館の
エゾオオカミの頭骨

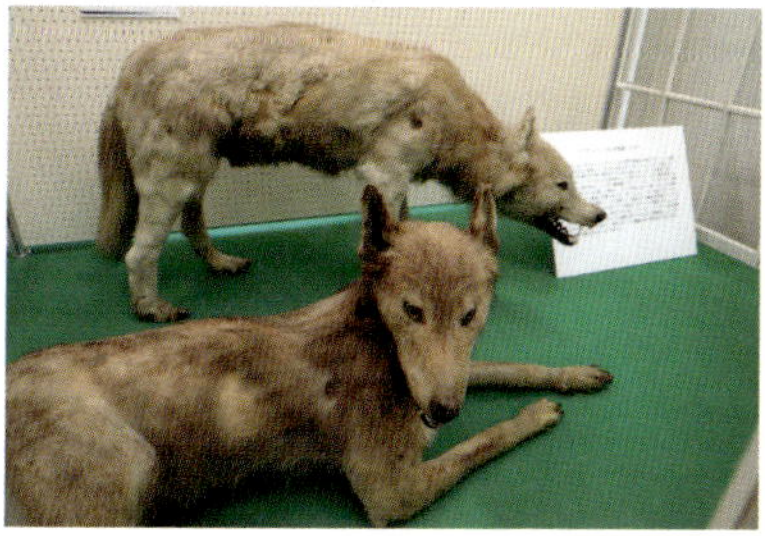

北海道大学植物園・博物館の
エゾオオカミの剥製

料だそうだ。

頭骨の標本は明治初期に殺された6～7歳のオオカミで、左側に孔《あな》が開けられているが、動物の魂・カムイの本体は頭骨の両耳の間に潜むと信じられている。雄なら左側、雌なら右側に孔を開ける。だから、この頭骨は雄であることを示すそうだ。

北海道犬（アイヌ犬）の剥製も展示されているが、北海道犬には、オオカミの血が混じっているという話もある。

東京上野にある国立科学博物館の地球館には、ニホンオオカミの剥製が展示されていた。最初に見たとき、「これが本当に狼？　犬じゃないの？」と疑ってしまった。

これは明治3年ころ、福島県で捕獲された雄で冬毛の個体だそうだ。ニホンオオカミはエゾオオカミと比べると、ずっと優しい感じがする。大きさは大型～中型の犬ぐらいで毛色は薄茶をしている。今、山で見かけても、野犬とは区別がつかないかもしれない。

東京都瑞穂町のニホンオオカミ像

国立科学博物館のニホンオオカミの剥製
（撮影協力：国立科学博物館）

日本での狼信仰はいつから始まったのだろうか。

奈良県唐子《からこ》遺跡で神事に使用されたと思われる狼の下顎骨《かがくこつ》が発見されていることから、弥生初期にはすでに狼信仰の片鱗が見られるという。

菱川晶子《あきこ》著『狼の民俗学』には、

〈鎌倉時代の辞書『名語記』には、次のような説明がある。

オホハ大也　カミハ神也　コレヲハ山神ト号スル也

これによると、「オホカミ」とは「大神」からきており、「大神」はまた「山神」と呼ばれているのがわかる。今日もみられる狼を山の神とする伝承は、鎌倉時代にすでにあったことがこれによって知られる〉

とある。

狼信仰は山岳信仰と結びついて盛んになるが一時衰えた。そして再び狼信仰が盛んになったのは、江戸時代中期から明治時代にかけてで、秩父を中心にした多くの神社がお犬さまのお札を出すようになった。そのことについては、すでに書いた通りだ。

牧畜が盛んだった西洋では、家畜が狼に食べられる被害が多発していた。だから、狼被害が多かった西洋

埼玉県皆野町・蓑山神社のお犬さま像

では「犬」と「狼」を混同することはありえないという。犬は仲間で、狼は敵、という区別がはっきりしている。ところが日本では、狼は鹿や猪を食べ、農作物を守ってくれる益獣になった（東北地方などの馬産地は除いて）。日本では犬と狼の混同があったようだ。

直良《なおら》信夫著『日本産狼の研究』には、次のような記述がある。

〈昔の人びとが、山犬もしくは山の犬と呼んでいたものは、真正の狼や野生犬を含めての呼び名であったことだろう。が、実際には見かけのうえではそのどちらともつかない雑犬が主体をなしていたのではなかったであろうか〉

このように、犬との雑種もいたようだ。「山犬」とあいまいに呼ばれた動物は生物学的には「ニホンオオカミ」のことだったが、山には、オオカミもいたし、オオカミと犬との混血もいたし、山で暮らす野犬もいたし、たまたま山に来た家犬もいただろう。さらには、中国から「豺《さい》狼《ろう》」という漢字が輸入されたとき、日本にはいなかった「豺」を「山犬」と訳したことで、日本人のイメージの中でますます混乱が生じた。

しかも日本の本州以南に棲んでいたニホンオオカミは小型だったということもあり、たとえ、昔の人がイヌ科の動物に遭遇しても、どれがどれだか区別はつかなかったというのが真相だろう。

国立科学博物館に展示されていたニホンオオカミの剝製を見ても、野犬とは区別が難しいと感じる。

埼玉県川口市・芝樋ノ爪
御嶽神社のお犬さま像

そこで、狼信仰の神社で守っている狼像や、お札に刷られている狼像が、どうしてこんなにもバリエーションがあり、中には、「どう見ても狼じゃないよなぁ」という像まであるのか、というところが引っかかってきた。

菱川晶子著『狼の民俗学』には、

〈宗教関係の狼図は、観念的な要素が特に強い傾向にあった。狼は早い時期に仏教や修験道などの宗教に取り込まれ、強靭《きょうじん》かつ神秘的な生き物としての役割を与えられていたのがわかる。山野に生息する実在の動物からはかけ離れた、いわば人々の想像の産物ともいえる狼像である〉

また、ブレット・ウォーカー著『絶滅した日本のオオカミ』には、

〈韓国、中国から渡来した宗教の伝統（仏教が最有力）は、日本人のオオカミに対する態度にも影響し、絵馬・お札・石像などに見られるように、貴いオオカミを図像的な型のなかに住まわせた。農村の「現世」確立と同じように、やがて、仏教の理論はオオカミを実体とはかけ離れた姿に遠く追いやった〉

とある。

狼像は本当に千差万別だ。そこが魅力でもある。それは石工たちの想像力の豊かさということはもちろんだが、そもそも、狼が棲息していた明治以前も、山に住む人や猟師や峠越えをする旅人以外、里に住む一般の人たちが狼を目にしていたとも思えない。しかも今のようにネットがあるわけでもなく、狼の目撃談や狼の絵（この段階ですでに誇張されたものが多かったろうが）を見聞きする機会もなかったはずだ。

仮に実際に見た人がいたとしても、カメラもないし、目撃者の話だけから正確な狼像を

小鹿野町・両神神社のお犬さま像

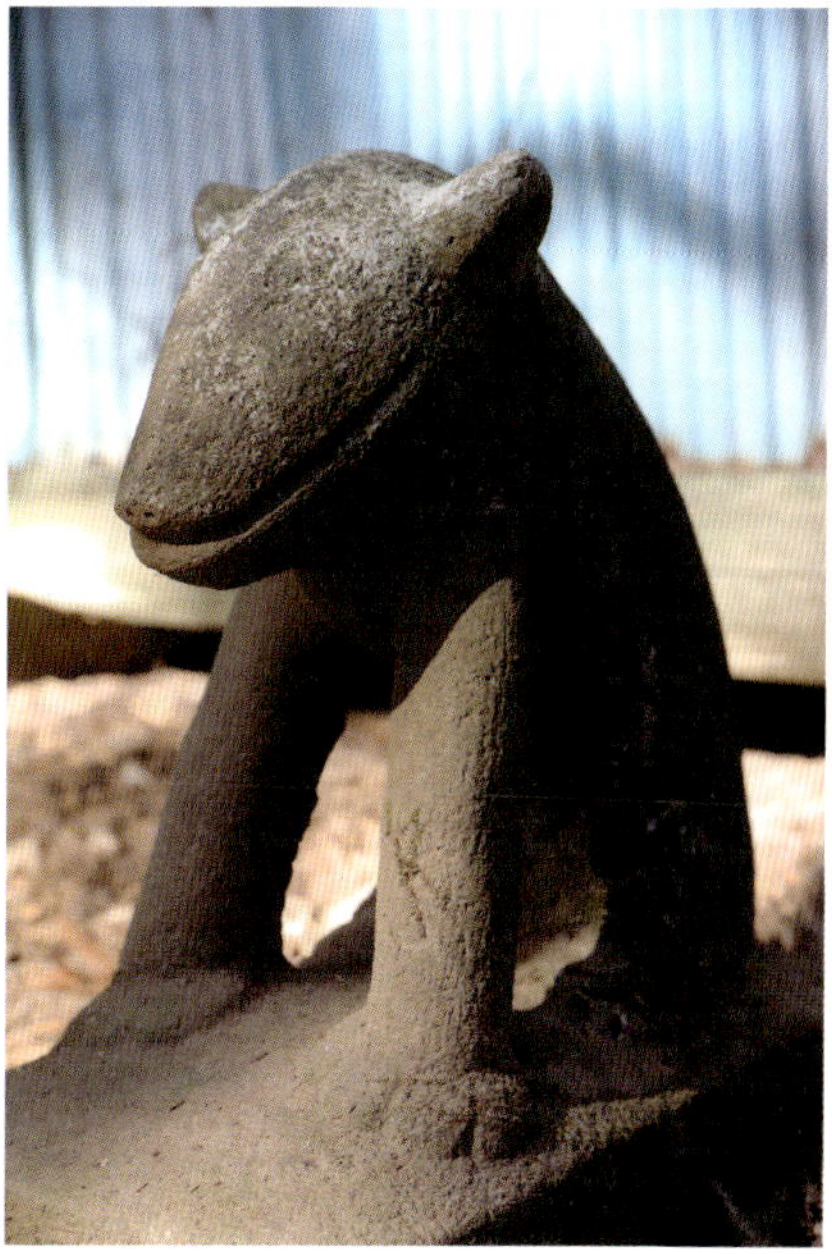

大岳山・大嶽神社本社のお犬さま像

描けるとはとうてい思えない。やはり、伝言ゲームと同じで、語る人の無意識が影響することもあるし、尾ひれがついて、だいぶ実像とはちがったものになるだろう。

だからかえって、神秘・野性などのイメージをストレートに表現しているともいえるのではないだろうか。見るほうも、あいまいだからこそ、見たいように見ることができる。自然と自分を同時に映す鏡みたいなものかもしれない。

北海道のエゾオオカミの絶滅については、壮絶な人間との戦いがあった。明治6年に外国人顧問として来日した米国人エドウィン・ダンはストリキニーネ入りの毒餌を用いて、北海道南部のオオカミや野犬を撲滅するために働いたという。

当時の日本は、新天地北海道で牧場経営を始めていた。その経営を成功させるためには、馬をエゾオオカミの被害から守らなければならなかった。だから、アメリカでやった方法を北海道でも実践したということのようだ。それは日本の近代化が背景にあり、悲しい

奈良県東吉野村・最後の
ニホンオオカミの記念像

ことにエゾオオカミの撲滅はその方向性と合致していた。

それと餌になるエゾシカの大量死なども原因であったようだ。

一方、ニホンオオカミが絶滅した原因についても定説はなく、エゾオオカミ同様にいくつかの原因が重なっているようだ。

ひとつは、西洋犬によってもたらされた狂犬病やジステンパーなどの伝染病が流行したこと。ふたつには、土地の開発が進み、野生動物の棲息地が狭《せば》まって、狼の食糧である鹿や猪が少なくなったこと。

そして、狼と人間の関係が徐々に変化していったこと。日本人にとって狼は、山の中（他界）に住む神・神の使いという象徴的なものだった。その崇められていた狼が、今度は、馬や人を襲ったり、狂犬病に冒された現実的な動物になったことで、害獣というレッテルを貼られ、狼は殺しても許される動物になってしまった。狼に賞金がかけられ、人間はこぞって狼を獲るようになった。また、狼を信仰するがゆえに、魔除けや憑《つ》き物落としに効能があると信じられた狼頭骨などの需要のため、乱獲に拍車がかかったのは皮肉といわざるをえないだろう。

しかし、今、狼は絶滅したことで、現実的な動物から、ふたたび神・神の使いというイメージに戻ったということではないだろうか。いや、もっと強力な魅力を持つイメージになったと思うのだ。現代人が失ったものを、絶滅した狼に投影しているところはあるだろう。

関東平野の狼像

意外と思われるかもしれないが、いや、私自身、驚いたのだが、狼信仰の神社で、狼像があるところを調べているうちに、関東平野に多いことがわかった。

江戸時代は、秩父の三峯神社や青梅の武蔵御嶽神社がお犬さま信仰で多くの講が組織され、関東各地に三峯神社や御嶽神社が建てられたという。

関東地方に狼像がある神社は、どのくらいあるだろうか。「無数にある」といってしまうと嘘になるが、しかし、感覚としては、本当に数知れずなのだ。今まで私が調べたところ（令和6年10月26日現在）、東京都58社、埼玉県38社、千葉県23社、神奈川県9社、栃木県10社、茨城県9社、群馬県9社。おそらく私が知らないところにも狼像がまだあると思う。だから、正確に狼像がどのくらいあるかわからない、というのが正確な表現なのだ。

東京都渋谷区　宮益御嶽神社

関東平野の、特に東京都のど真ん中に狼像があることは、かなりインパクトがある。

ビルに囲まれた宮益御嶽神社

〈左ページ〉
宮益御嶽神社の狼像とビル群

宮益御嶽神社の
お札と御朱印

たとえば、渋谷駅からわずかに徒歩2分、宮益《みやます》坂に宮益御嶽神社が鎮座することを読者はご存知だろうか。ビルの一角にこの神社は鎮座し、しかもお犬さまのお札まで授与し、しかもそれが手刷りのお札なのだ。

この大都会の真ん中に、突然現れたような山とつながる異空間。そんな場所があるのだ。何だか、お犬さまを求めて旅をするようになったら、時代が50年ほど昔に戻ったような、不思議な感覚に陥る機会が多くなったような気がする。

秩父地方そのものが、ひとつの小宇宙だったということがあって、古い文化が残ってきたのはわかりやすいのだが、まさか大都会のど真ん中、渋谷駅の近くにこういう空間があるとはとても驚く。

渋谷駅を出て、宮益坂を上り始めるとすぐ、ビルの間に続く階段が現れる。そこへ入り込むと突然静かになる。

表通りはあんなにも人がたくさん行き来しているのに、こちらへ入ってくる人は少ない。いや、渋谷駅前の人口密度を考えれば、ほとんどいないといってもいいくらいだ。通行人はここに神社があることさえ気がついていない。私も何度もここを通っていたが、階段に気がついたのは初めてなのだから。

そのギャップ。これも都会の神社ならではだろう。どうしてこんな高層ビルの間に狼像が建つ神社が?と思ってしまったが、考えてみたら、それは逆なのだ。もともとここに神社があって、その周りに高層ビルが

昭和55年に建てられた狼像

建ったのだから。

鳥居と碑があるので、神社がこの先にあるんだろうなと想像できるのだが、ビルへ呑み込まれていきそうな階段が、どこか異界へ迷い込む道のようでもあり、少し不安感をあおられる。これも神域へ入っていく舞台装置としては、都会的で面白いかなと思うのだが。20メートルほど上ると、二の鳥居が現れ、その下にお犬さまの像が見えた。これは偶然なのか、計算された演出なのか。

上り切ったところはビルに囲まれた宮益御嶽神社の境内になっていて、美しいジャリ石が敷かれている。

拝殿の手前にある狼像は新しいように見える。これは昭和55年建立《こんりゅう》だそうだ。もともとの狼像は、江戸時代の延宝年間（1673〜1681年）の作品だそうだが、損傷が激しいので社務所で保管し、これは原形をモデルにして製作されたブロンズ製なのだそうだ。

社務所では、狼のお札と御朱印をいただいた。お札は少しだけ凹凸があったので、もしかしてと思い、「これは手刷りですか?」と聞いたら、「そうです」というではないか。

今では、狼のお札は印刷が増えてきたということは、秩父の神社でも聞いていたので、こんな大都会の真ん中の神社で、手刷りのお札を出していること自体、とても驚いた。

でも、考えてみると、「手作り」の価値が見直されている昨今の事情を考えれば、むしろ先進的な都会の神社で出していることは、ある意味必然のようにも思う。

「お札を定期的に替える行事や祭りはありますか?」と聞いたら、「そういうのはないです。みなさん自由に求められて、替えているのではないでしょうか」ということだった。

さすがにここにオイヌゲエはないようだ。

下谷三峯神社を守る一対のお犬さま像

狼のお札のほか、御朱印のほうにも一対の黒い狼の姿が刷られている。

こうして私は都内の御嶽神社や三峯神社など、お犬さま像めぐりを始めた。狼を探しながら都会を散策するというのも面白い。神社には身近な自然でもある叢林《そうりん》が残っているところも多く、いわゆる都会のオアシスにお犬さまも鎮座しているのだ。

印象的だった東京都内のお犬さま像を紹介することにする。

台東区　下谷三峯神社

下谷《したや》三峯神社は、大正初期に秩父三峯神社分霊の神社を建立したものだそうで、東京メトロ日比谷線・入谷《いりや》駅から徒歩3分、JR上野駅からでも徒歩7分という立地にある。

ビルの谷間に鎮座する都会型神社の典型だ。そこだけスポッと現代から抜け出したような異空間が現れる。

神社には一対のお犬さま像が奉納されている。建立は、大正7年5月。すらっとしたシンプルな姿だ。都会的な洗練された姿に思える。石工・石源作と伝えられ、同じ石源作のお犬さま像が、三峯神社から7〜80メートルのところに鎮座する小野照崎《おのてるさき》神社境内の御嶽・三峯が合祀された社殿前に奉納されている。

周りをビルに囲まれた下谷三峯神社

下谷三峯神社のお犬さま像

台座には「豊住講社《とよすみ》」とあった。旧町名が「豊住」だったからだが、関東地方一円に広がる三峯神社を本山とするお犬さま信仰の「三峯講」のひとつだ。豊住講社は嘉永年間（1848〜1854年）に、地域の安泰を図るため、信仰する人々が集まり代参講が誕生したそうだ。ホームページに「三峯神社豊住講社年表」を掲載しているが、ここまでしっかりと記録し公開している講社は珍しいのではないだろうか。

豊住講社の講員の方から話を伺った。

「三峯神社の例祭は、毎年5月の2週目か3週目かの土日にやっています。その翌週に講員80名くらいでバス2台に分乗して秩父の三峯神社に上ります。宿坊に1泊して、翌日にお祓いを受けて帰ってきます」

このように講社の活動がずっと百数十年続いていることに感動すら覚える。

杉並区　宿町御嶽神社

JR荻窪駅から歩いて数分の白山《はくさん》神社内に三峯社が鎮座し、石柱に二体の狼像のレリーフがある。ここも

ゴミの集積場にもなっている宿町御嶽神社

「うん形」のお犬さま像

「あ形」のお犬さまの顔

都会の真中にある狼像だ。

そこから青梅街道に出て西へ1・5キロほど行った消防署の先に宿町《しゅくまち》があった。神社の場所がわからずうろうろし、自宅前を掃除していたおばさんに場所を尋ねたら、「そういえば、小さな神社ならこの先にありますね」といった。

お礼をいって去ろうとしたら、「何があるんですか？」と聞かれたので、「狼像があるはずなんです。全国の狼像を探してるんで」というと、「へぇ〜狼像？　こんな町中に？　知りませんでした。私、寝間着じゃなかったら、いっしょに行きたかったんですが」といった。これは寝間着だったんだ……。

彼女のいうとおり100メートルほど進むと宿町御嶽神社はあった。柵に囲われた建物は宿町集会所にもなっていて、ゴミの集積所でもあるところが都会的といえるかもしれない。

小さな社殿を一対のお犬さま像が守っている。明治45年に奉納されたもので、かなり傷んでいて、修復された跡《あと》も見える。細身の体で、顔つきは鋭く、ちょっと怖い。しかし都会の神社の守護像としてはふさわしい姿だ。不審者も撃退してくれそうだ。
地元の人も気がついていない大都市の狼像。忽然《こつぜん》と現れる狼像はやはり面白い。

千住神社境内の三峯神社を守るお犬さま像

マズル部分が欠けている「あ形」のお犬さま像

足立区　千住神社　三峯神社

北千住《きたせんじゅ》の駅から歩いて約30分のところ、静かな住宅街の中に千住神社がある。ここには富士塚があった。浅間《せんげん》神社を勧請《かんじょう》した「千住宮元富士」だ。大正12年に築かれたが、一度大震災で崩壊し、昭和11年に再び築かれた。

また願掛け恵比寿さんの像があり、台座が回転するようになっている。男は左回り、女は右回りで回したあと、願いに応じた願掛け箇所をハンカチで撫でるのだそうだ。だから私は左回りに回したあとに、頭を撫でた。

恵比寿さんの隣に境内社がある。これは恵比寿神社、八幡神社、三峯神社の三社を祀る小社で、向かって右側が三峯神社になる。その両側にお犬さま像が一対鎮座している。

上谷中稲荷神社境内の三峯社

お尻を上げたお犬さま像

お犬さま像は、弘化2年（1845年）に奉納されたもの。かなり古い。すばらしい曲線だ。とくに後ろから見るとよくわかる。かなり洗練された造形ではないだろうか。残念ながら、右側の「あ形」の顔のマズル部分（鼻から口の周辺）が欠けている。

そういえば、全国各地のお犬さまでマズル部分が壊れていた像を何度か見たが、「あ・うん」の「あ形」が多いような気がする。口が開いているので石材が薄くなって、壊れやすいからだろうか。

足立区　上谷中稲荷神社　三峯社

珍しい姿のお犬さま像があると聞いて、東京メトロ千代田線・北綾瀬駅を出て北へ300メートルほど行ったところにある、上谷中《かみやなか》稲荷神社を参拝した。まずは鳥居をくぐってすぐに、跳ねたお狐さまに迎えられ、稲荷の世界に入り込む。

境内の右奥へ進むと、平成3年に建立された三峯社があった。

ここにはヨガのポーズをしているような一対のお犬

ビルに囲まれたお社

三河島三峯神社のお犬さま

さま像が鎮座している。これは稲荷神社の跳ねたお狐さまの影響なのだろうか。同じようなポーズだ。躍動感があり、すばらしい造形だ。ただし個人的に、腰痛持ちにはきついポーズに見えてしまう。

今のところ、実際に見たのはここだけだが、お犬さま像を調べた中では、ほかにもヨガのポーズのお犬さまがいたような気がする。

荒川区　三河島三峯神社

「都会」と「狼（お犬さま）」という意外性があるからだろうか、都会の中で狼を探す旅にはまってしまった。なぜか、この取り合わせに現代性も感じてしまう。狼が都会人に何かのメッセージを送っているような……。

都電・荒川区役所前停留場で降り、区役所を通り過ぎて1分ほどのところ、交通量の多い、明治通り沿いのビルの谷間に鎮座するのが三河島三峯神社だ。

鳥居がなければ、そのまま通り過ぎてしまうような小さな社だが、奥へ進むと、マンションを背景とした三峯神社が現れる。ここに二対四体のお犬さま像が鎮座する。

四体とも色が黒いのが目立つ。これは米軍の空襲で焼けたのでは？と いうホームページの記事を見て、それはありえるなぁと思った。そう考

御嶽神社のお犬さま像

土支田八幡宮境内に鎮座する御嶽神社

えると複雑な思いがする。

もともと大火の多かった江戸だったので、地元の三河島三峯講が、火難盗難除けに勧請したもの、といわれている。

練馬区　土支田八幡宮　御嶽神社

練馬《ねりま》区の土支田《としだ》八幡宮を参拝した。鳥居を入り参道を進むと、正面の拝殿の左側に、「太平洋戦碑」があり、その奥に「御嶽山大々紀年碑」があった。

さらに奥が、石積みの塚と小さな祠の御嶽神社の境内社だ。ここに一対の狼の像が鎮座している。右に鎮座する「あ形」像には修復された跡があった。

うっそうとした林の中にあり、静寂の中、木漏れ日《こもれび》が枯れ葉を照らし、神秘的な雰囲気だ。いわゆる鎮守《ちんじゅ》の森だ。瞑想にふけりたい気分だが、蚊が多く、長時間撮影していたら、手と顔を刺されて大変なことになった。

「土支田八幡宮の社叢《しゃそう》」という説明看板によると、境内に植えられているのはスギとヒノキが主な樹種だそ

八坂神社境内の御嶽神社のお犬さま像

八坂神社左奥に鎮座する御嶽神社

うで、練馬区内の神社の社叢としては比較的広くて、高木が多いことが特徴だそうだ。都会の中に、このような鎮守の森が残っているのは貴重だ。そして鎮座する狼像がこの森を守っているようにも見えてくる。
狼は、昔は鹿・猪など害獣を防いでくれる農耕の神だが、現代的な意味としては、都会の中の自然の守り神のような存在かもしれない。

練馬区　八坂神社　御嶽神社

練馬区の八坂《やさか》神社を参拝した。階段を上っていくと社殿が現れるが、境内の社務所横には、目立つ巨木2本、「練馬の名木」が立っている。

1本はイチョウで高さ26・5メートル、幹の太さ3・7メートル。練馬区内ではイチョウとしては有数の大きさを誇るという。もう1本はカヤだ。高さ25メートル、幹の太さ2・7メートル。これも区内有数のカヤの木で、「練馬の名木」に指定された。境内の樹木を折ると熱病にかかるという言い伝えがあるそうだ。

この練馬の名木に見守られながら、境内社の御嶽神社は拝殿の左手に鎮座している。大口真神社のお札が納められていた。

一対のお犬さまが建っている。大きくはないが鋭い目つきで、何かを守っているような威厳と存在感がある。シルエットだけ見ると、「ゴジラ」のようだ。

冗談ではなく、意外と「お犬さま」と「ゴジラ」には共通性があるのかもしれない。自然と人間の仲立ちをする「神使い」として、あるいは「神」そのものとして。

多摩川浅間神社から見渡す
多摩川と武蔵小杉のビル群

「お犬さま」は狼信仰だが、農作物を害獣から守ってくれるという感謝の思いだけではなく、山に棲む得体のしれないものに対する畏れもあった。つまりそれは、自然そのものに対する感謝と畏れそのもの、ということなのだろう。自然を象徴する存在としての「お犬さま」、そんな風に思える。

一方の日本のゴジラも、アメリカ映画が描く、ただ単に人間に害を与える凶暴な生物GODZILLAとは、ちょっと感覚が違うようだ。

確かに日本の都市はゴジラによって何度も破壊された。しかしそれは台風や地震や津波と同じような、たとえていえば、ゴジラが日本で暴れるのは自然災害と同じとも感じる。だが、ゴジラを殺せばハッピーエンドか、というと、そうでもなく、来てはほしくないけど、いなくなっても困る、みたいな存在なのだ。

大田区　多摩川浅間神社　三峯神社

東急東横線・多摩川駅の南、多摩川沿いの丘に鎮座しているのが、木花咲耶姫命《このはなさくやひめのみこと》を祀った多摩川浅間神社だ。

鳥居をくぐって左側の手水舎の奥へ進むと広々とした展望が開ける。社務所の屋上が展望スペースになっている。

多摩川が流れ、対岸の左手には武蔵小杉のビル群、右手には東横線の線路と、その奥には富士山も見える（この日は靄《もや》で見えなかったが）。

この場所は、映画『シン・ゴジラ』のロケ地にもなったそうだ。そういわれれば、見覚

三峯神社、小御岳神社などが祀られる合祀殿

小御岳神社の像もお犬さま像か

三峯神社に奉納された高さ30センチのお犬さま像

えがある風景だ。

映画では自衛隊がゴジラを阻止するため、多摩川の河川敷に戦車を配置し「タバ作戦」を展開したところ。その前衛指揮所になったのが、この展望スポットだった。

『シン・ゴジラ』は面白かった。日本の一大事がどんな風に決められていくのか、誰が決めているのか誰もわからないという皮肉もこめられ、苦笑するシーンも多かった。「ゴジラは、自然災害か？」みたいな議論もされたのではなかったろうか。

話を、お犬さま像に戻す。手水舎の向かい側には、左から阿夫利《あふり》神社、三峯神社、稲荷神社、小御岳神社の四社が祀られている。

ここに二対一体、合計五体のお犬さま像が置かれている。昔の写真を見ると、屋根がない祠が並んでいるが、平成28年の参道整備にともなって、屋根付きの合祀殿という現在の形になったようだ。

小御岳神社の前に奉納されているのが不思議で可愛《かわい》い像だ。一見するとブタのようにも思えるが、これも狼像らしい。三峯神社に奉納されているのが、一体の

茨城県ひたちなか市・平磯三峯神社の狼像と社殿

お犬さまだが、けっこう損傷がはげしく、修復された跡がたくさんある。

ところで、『シン・ゴジラ』での自衛隊の「タバ作戦」の「タバ」とは何なのか。調べてみたら興味深いことがわかった。多摩の語源が「タバ」だとする説があるようなのだ。「タバ」とは峠という意味の古語だそうだ。多摩川は、上流部の山梨県丹波山村《たばやま》では「丹波」川と呼ばれている。多摩は「タバ」が訛って「タマ」になったという説だ。

以上、東京都内のお犬さま像だが、関東平野の各地にもお犬さま像が建っている神社は多く、その中から2カ所紹介する。

茨城県ひたちなか市　平磯三峯神社

ひたちなか市平磯町《ひらいそ》に三峯神社があると知って寄ってみた。

何度も訪ねている那珂湊《なかみなと》おさかな市場から北へ3キロほど行ったところだ。おさかな市場では、いろんな

平磯三峯神社から望む平磯漁村

海産物を安く買うこともできるし、食べることもできる。江戸時代、那珂湊は水戸の外港として栄えた。

ナビを使っていたが最後のところで迷い、民家前で掃除をしていたおじさんに道を聞いた。

「神社はあるけど、あそこかなぁ。三峯かどうかはわからないけど」

といわれて、行ったところは狭い道の行き止まりで、左手には平磯漁村の家並みと、小さい神社があったが、これは稲荷神社だった。

車で引き返すとき、別なおじさんが歩いてきたので、聞いたら、「三峯かどうかはわかりませんが」といいながらも、ほかの小さな神社の場所を教えてくれた。

稲荷神社から北へ120メートルほど。車が通れるような道ではない。昔ながらの漁村の路地で、車を大きな通りに停めて歩いて裏路地へ入った。すると、左手に続く急な階段があって、鳥居には「三峯神社」の扁額《へんがく》がかかっていた。

階段を上っていくと、狭い境内に社殿と、一対の狼像が鎮座している。境内からは太平洋と民家が密集して建ち並ぶ平磯の様子が一望できる。なかなか風情のある漁村だ。

三峯神社というと「山」のイメージだが、漁村の三峯神社は初めてお参りした。しかし、秩父の三峯神社でも聞いた話だが、江戸時代は、海に関する仕事をしている市場の人や、漁村の人たちも、お犬さまを信仰していて、参拝に訪れていたという話を聞いていたので、こういうところからも行っていたのかと。

平成28年に新潟県糸魚川《いといがわ》市で大火事があったが、海辺の集落の建物が密集しているところの火事は怖いものだ。火難除けとしても、三峯神社を祀ることになったようだ。

茨城県筑西市・三峯神社

神社の創建は江戸時代の文化年間だという。調べたら、そのころ（文化4年＝1807年）、常陸国《ひたち》（茨城県）の近海で異国船出没が記録されている。そんな時代背景もある。

茨城県筑西市　三峯神社

茨城県筑西市《ちくせい》にも三峯神社があり、訪ねると予想以上にすばらしいお犬さま像に出迎えられた。

神社は小さな公園になっていた。通りかかったおじさんが車の「所沢」ナンバーを見て、「へぇ～、ずいぶん遠いところから。所沢のどこ？　俺も前住んでたんだよ」といった。この辺の人にとって、埼玉県は隣県にもかかわらず、所沢は遠いという感覚なのだろうか。遠いか近いかは、その人の感覚の違いだろうが、確かに筑西市あたりにいると、広い関東地方の西の果てに感じないこともない。

今でさえそうなのだから、江戸時代の人にとって、所沢どころか、秩父の三峯神社はかなり遠いところと感じていただろう。そこへお参りに行く意味は、だから今とは違っていたはずだ。

社殿の玉垣前の左右、台座に乗ったお犬さま像は独特の形だ。首が長いお犬さま像だがバランスがよく、流れるような曲線が美しい。ところどころ苔むしているのもまた歴史を感じさせていい。

三脚を立てて写真を撮っていると、たまたま公園に、地元のおじいさんがやってきた。声をかけると、この地区の三峯講の講元を務めている人だった。数年前まで自分で車を

顔が可愛らしい左側のお犬さま像

首長の曲線が美しい右側のお犬さま像

運転して秩父の三峯神社を参拝し、お犬さまのお札をいただいて帰り、講員に配っていたそうだ。今は、郵送で取り寄せて、配るようになったとのこと。

歳は聞いていないが、70歳以上と思われ、年齢の問題もあるようだ。三峯神社まで出かけるのは負担が大きくなってしまったそうだ。それと「みんなの信心も薄くなってしまったしね」という。

狼信仰は時代とともに変化してきた。だから現代版の狼信仰というか、狼信仰に新しい意味を再発見できれば、生きている信仰として存続できるのではないかなと思う。単に、過去の「遺物」「遺跡」となってしまってはもったいないと個人的には思う。

狼像はかなり古いものらしいが、おじいさんも詳しくはわからないとのことだった。

おじいさんのお父さんは、戦後すぐに亡くなってしまったので、この像のことを詳しく聞く機会がなかった。ただ、「三峯神社へ行ってお札をもらってきて講員に配ること」というのが遺言みたいなものだったそうだ。

奥多摩のユニークな狼像

東京都西部、奥多摩の山にある神社でもお犬さま像が社殿を守っている。ずんぐりしたユニークな姿は、秩父の神社に奉納されていたお犬さま像とは雰囲気がまったく違う、奥多摩特有のもので、檜原《ひのはら》村・あきる野市の臼杵《うすき》神社、大岳《おおたけ》山直下の大嶽《おおだけ》神社、檜原村湯久保の鑾野御前《すずのごぜん》神社、笹久保の貴布禰《きふね》神社のお犬さま像などを例にあげることができるだろう。

そこで、私もこの4社を中心に、ずんぐりお犬さま像をめぐる山歩きに挑戦した。

東京都檜原村・あきる野市　臼杵神社

標高842・1メートルの臼杵山は、東京都檜原村・あきる野市の境界にある。登山道はいくつかあるようで、ひとつは檜原村の元郷《もとごう》から登る道、もうひとつは、あきる野市の荷田子《にたご》から登る道。今回は、駐車場がある荷田子から登った。山頂までは約2時間かかった。

臼杵神社の口が大きく強調された狼像

狼の語源は「大咬」との説も

荷田子の集落と果樹園を通り、防護柵を抜けて山道に入る。ここから30分ほどは急な登りの道で一気に汗が噴き出す。

荷田子峠に出ると、城山と臼杵山を結ぶ尾根道に出るので、それを右(西)のほうへ。途中、まぎらわしい分岐点もあるが、再び尾根に出ると、手前に採石場、遠くにはあきる野市の市街地と関東平野の広々とした様子が望める。

尾根道から100メートルほど一気に急坂を下り、そして急坂を登りきると臼杵山だ。北峰に臼杵神社が祀られている。

神社のあるところは、10メートル×6メートルくらいの広場になっている。祠の前には新しい一対の石像が鎮座している。目的はこの像ではなく、木製の祠の左右に鎮座するもっと古い石像だ。

しばらくすると、元郷から登ってきたらしい女性集団がやってきた。何気なく会話を聞いていたら、「これは狼の像よ」といっていて、知っている人は知っているんだなと思った。

西村敏也氏の「檜原村の狼信仰」によれば、神社の右側には木製の祠、左側には石製の祠が祀られて、木製の祠は今から20~30年前に担ぎ上げられたもの。石祠はそれ以前からあったそうだ。臼杵神社には、お犬さま像が奉納されていることや、お犬さまのお札を頒布していることから、狼信仰の神社だろうという。

右側の像は元の形をとどめているが、少しだけひび割れが入っている。

臼杵神社には一対の新しい
狛犬も奉納されている

ワニの口のような表現は、大口真神の「大口」そのものだ。狼の印象である「口は大きく裂けている」というのを誇張するとこんな形になるのだろう。

左側の像はバラバラになった胴体の上に頭の部分が載せられている。目があるので、これが頭であることが、かろうじてわかった。

像に抱く感動とは、技巧にはまったく関係ないことをあらためて思う。ただし、苦労してこの山頂まで登ってきて出会うということも、ひとつ、感動する条件としては必須なのかもしれない。信仰心が薄くなった今の時代は。

ところで、臼杵神社のお犬さま像をネットで調べると、この像が「猫」だというのが出てくる。しかし、全国の猫像を見たわけではないが、この像を「猫」というのは無理があるのでは?と素人目にも思う。不思議な姿の像だが、少なくともイヌ科動物を象《かたど》っていると思われる。

この「猫」説には、実際に一時期（養蚕《ようさん》が盛んなころ）、臼杵神社が養蚕の神として崇められていたことがあったことと関係しているようだ。

養蚕神として広く知られ、実際瀬戸物の猫を拝借する儀礼もあったことから、臼杵神社の神の使いが猫といわれるようになったようだ。

さらに、この「猫」説が一般に広まったのは、昭和19年に出た宮内敏雄著『奥多摩』で、

〈巓《いただき》に蚕《かいこ》の守護神として地方的に有名な宮があり、その神前には狛犬

小和田御嶽神社の犬に見える社殿前の像

代りに猫の像がある。これは養蚕の守り神の使姫《つかいひめ》は猫であるとの俗信に拠《よ》ったものなのである〉

と、石像が猫だと断定して紹介されていて、これが、奥多摩のバイブルともいわれる本だったので、この「猫」説が独り歩きしたというのが真相のようだ。

そして現在、古いお犬さま像とは違う、新しい像が左右に鎮座しているが、これは、平成16年に自治会が奉納した狛犬だそうだ。

東京都あきる野市　小和田御嶽神社

あきる野市の小和田《こわだ》御嶽神社を参拝した。

御嶽神社はJR武蔵五日市駅から徒歩30分ほどの、秋川の南側、小高い山の上に鎮座する。ちょうどこの日（9月29日・30日）は、阿伎留《あきる》神社の例大祭で、表通りは露店が立ち並び、お神輿、子供神輿が練り歩いた。どこからともなくお囃子の音が聴こえてウキウキした気分になる。

境内には、市指定保存樹木のヒノキやヤマザクラが立ち、秋川の流れと旧五日市町の街並みの風景を望む

アヒルのくちばしに見えるお犬さま像

ことができる。

社殿前には、一対のお犬さま像が鎮座する。比較的新しいもので、台座を確かめると昭和49年4月に奉納されたものだった。

神社の扁額「御嶽神社」にも、見覚えのある一対の黒い狼像が向かい合うように配されていて、社殿の前に置かれている像も、狼像なのだろうか。どうも、犬像のように見えてしまう。とくに向かって左側の像は、ジャックラッセルテリアのように見える。わが家のヴィーノとは反《そ》りが合わない犬種だ。

それともう一対、お犬さま像があった。社殿の右奥の祠の両脇に控えている像だ。

こちらは古そうだ。左側の像は胴体に修復の跡が残り、右側の像は前足が折れてしまったようで、針金で固定されている。

ネットで調べると、以前、この古いほうのお犬さま像は、社殿の中に置かれていたようだ。

姿がユニークで面白い。これも臼杵神社の像と同じく「狼の口は大きく裂けている」を誇張したのだろうが、若干《じゃっかん》可愛らしくなってしまった。ここが石工の個

鑾野御前神社のお犬さま像

性、あるいは技量の差なのだと思う。まるでマズルがアヒルのくちばしのように出ている。今まで出会ったことのないユニークな形をしたお犬さま像だ。

東京都檜原村　鑾野御前神社と貴布禰神社

檜原村・御前山への登山口に車で着いたのは、午前11時過ぎだった。

そこから急坂を登り始めたとき、民家の前でおじいさんに出会った。道は間違ってはいないはずなので、一応あいさつ代わりとして、「この道で鑾野御前神社へ行けますよね?」と、軽い気持ちで確かめたら、なんと、「こっちからは行けないです」という。昔、炭焼きをしていた時代は行けたそうで、道もあることはあるが、素人には難しいというのだ。

それでおじいさんにアドバイスされた通り、湯久保集落の集会所のところから登ることにした。2キロほど迂回することになる。おじいさんに聞いてよかった。でなかったら、今回ヴィーノも連れていた私たちは遭難していたかもしれない。

湯久保集落を抜け、約30分登ると分岐点に出た。左手が御前山方面だ。そこから約20分、落ち葉でふかふか状態の道を進んだ。このあたりは紅葉の盛りは過ぎて、すでに葉っぱが落ちた木も多い。

ようやく鳥居が見えた。高さ20メートル以上の垂直の石灰岩がそびえていた。その直下に祀られているのが、今回の目的地の鑾野御前神社だ。

もともとはこの岩がご神体、磐座《いわくら》というのだろうか、特別な岩に見える。ここに何か神秘的なものを昔の人も感じたに違いない。神社が祀られたのは、それこそ自然なことだっ

〈左ページ〉
陽の光で命が吹き込まれた
鑾野御前神社のお犬さま像

鑾野御前神社への登山道

たろう。

地面から2メートルほどのところにごつごつした岩石が重なり合い、祠の左右に狼像が向かい合って座っている。これもまた奥多摩独特のお犬さま像だ。木漏れ日が移っていって、お犬さま像を浮かび上がらせる。刻々と変化するお犬さまの表情。神々しい気持ちになる。お犬さまが生き生きと活動する瞬間だ。

お犬さま像を作った石工もすごいとは思うが、まるでこの光も意識して置かれたのかと思うほどの、舞台としては完璧な場所だ。

宗教心が薄いといわれる日本人だが、日本人の宗教性は特定の神からの教えではなく、全体の調和を大切にし、その美意識に従っているともいわれる。だからその場の美しい調和は、そのまま宗教性の表れではないか。この美しい場を愛でること自体が、日本人の宗教性そのものなのかもしれない。

鑾野御前神社から車に戻り、都道205号線を西へ行くこと約8分、貴布禰神社があった。

笹久保集落の都道の山側、崖上に鎮座し、階段を上がるとすぐ鳥居をくぐる。境内では、社殿の脇に祠と碑が何基か並んでいる。目的の狼像は、左右の一番外側に置かれていた。

右側の像は胴体から頭の部分は完全に離れていて、まったく形がわからない。完全にオブジェ状態だ。前に置かれている石が頭の部分なのだろうか。

左側の像は、ほぼ元の形を残している。これも鑾野御前神社の像と同じようなタイプで、ずんぐりむっくりで、小さい耳が立っている可愛らしい狼像だ。

貴布禰神社のお犬さま像

胴体が割れたお犬さま像

台石には「宝暦十」（1760年）の文字がかろうじて読み取れる。確認できた範囲では秩父と奥多摩で2番目か3番目に古いことになるが、年代がわかっているものだけの話なので、今後新発見もないとはいえないだろう。

ところで、社殿の壁には、2枚、「大嶽大口真神」のお札が貼ってあった。調べてみたら、檜原村白倉《しらくら》に鎮座する大嶽《おおだけ》神社のお札だった。

お札を授与しているのは里宮で、ヤマトタケル東征のとき、大岳山頂に大嶽大神の社を建立したのが始まりとされているそうだ。

東京都檜原村　大嶽神社　里宮と本社

檜原村の都道205号線から山道を数百メートル上ったところに大嶽神社が鎮座する。

宮司によると、ここは大嶽神社の里宮で、もともと狼像はないが、大岳山直下の本社にはあるそうだ。本社はヤマトタケルの徳を慕って山頂に社を建立したのが始まりで、狼がヤマトタケルを助けたという由来か

昔は参拝客も多かった大嶽神社里宮

ら狼を祀るようになった。

江戸時代から戦前まで、大嶽神社にはたくさんの参拝客がやってきた。当時は50ほどの講があったが、今は8つほど。戦後は自動車道ができて、武蔵御嶽神社や三峯神社へも簡単に行けるようになったので、ここにはあまり来なくなったそうだ。

神社の前に、山へ続く道が通っているが、この道がもともとの表参道だった。途中には丁目石もいくつか残っている。この表参道は急坂があって大変で、大嶽神社まで3時間半はかかるそうだ。しかし今は、林道ができたので鋸山《のこぎりやま》まで車で行って、そこから尾根道を伝っていけば大岳山まで比較的楽に行けるようになったという。

神社の祭りは4月8日で神事が行われる。また4月第2土曜には、神輿が練り歩き、お犬さまのお札が各氏子に配られるほか、参拝者にもお札が授与されるということだ。

江戸時代の版木が残っていて、お札はその版木からの手刷りをしている。印刷会社に頼もうかという話も出たが、やはり手刷りのほうがいいだろうということになった。かすれた感じも、素朴な味わいがいい。

「最近は、お札をもらいたいという人も増えていますね」という。いろんなところから問い合わせがあるらしい。以前、富山から何人も連れだってお札をもらいに来たグループもいたという。

宮司は、稲束《いなづか》、野菜、黒米、紫米を持ってきて社殿に運び入れた。聞けば、翌日（11月23日）お供えする準備だという。

昭和23年に制定された勤労感謝の日、11月23日は、昔は「新嘗祭（にいなめさい、しんじょうさい）」の祭日だった。

大嶽神社里宮。新嘗祭で
供えられる米や野菜など

「明日、宮中でも儀式が行われるはずです。ここでは、氏子が集まるわけでもなく、神事といっても祝詞《のりと》をあげるだけですが」と宮司はいう。

この神社と同じように日本の各地、村々で、豊作を感謝する儀式が連綿と続けられていることに、感動すら覚える。

「新嘗祭」は飛鳥時代の皇極《こうぎょく》天皇の時代に始まった五穀（とくに稲）の収穫を祝う収穫祭だ。天皇が五穀の新穀を供え、自らもこれらを食して、その年の収穫に感謝する。現在も、宮中の神嘉殿では儀式が執り行われ、伊勢神宮にも天皇の勅使が派遣される。

しかし「新嘗祭」は、敗戦後ＧＨＱの占領政策で、天皇行事・国事行為から切り離され、一応表向きは「勤労感謝の日」になった。天皇という精神的支柱を失わせ、日本人を団結させないためのアメリカの政策らしい。「勤労感謝の日」というのもアメリカから提案された名前だそうだ。

稲に宿る精霊のようなもの「稲魂《いなだま》」を信仰する習俗として、中国南部に住んでいるミャオ族など少数民族にも初穂を捧げる儀礼のような似た収穫祭は多くある。神に感謝し、収穫を祝うという農民にはごく自然な行為だと思うのだが。

大嶽神社の里宮を参拝してから５日後、大岳山の大嶽神社の本社を登拝した。里宮の宮司から聞いた大岳山への道順、鋸山から尾根道を伝っ

大岳山・大嶽神社本社に
貼られていたお札

て大岳山まで行こうとしたら、途中の林道が土砂崩れで通行止めだったので、急遽《きゅうきょ》ルートを変更し、滝本駅からケーブルカーで御岳山駅まで上がり、武蔵御嶽神社には寄らずに大岳山を目指した。

登山道は途中から急坂や岩場になり、チェーンが張ってあり「滑落注意」の看板が出ている。これまで降った落ち葉が積み重なり、岩が滑りやすく、注意して歩かなければならない。

武蔵御嶽神社から2時間ほどで、大嶽神社前の広場に着いた。ここには廃屋があるが、これは大岳山荘という売店兼山小屋だったという。

先日参拝した大嶽神社里宮の宮司によると、数年前まで営業していたが、商売にならなくなってやめたらしい。この大岳山荘の主人に大嶽神社の管理もお願いしていたそうだ。

鳥居の先、80メートルほど上がったところに大嶽神社が鎮座する。拝殿には大嶽神社里宮で授与しているお札が貼られていた。

拝殿前では、左右でお犬さま像が守っている。右は雄、左は雌なのだろうか。右の像の股にはオチンチンが作られていたが、左の像には見当たらない。

左の像は真正面から見ると、昭和63年公開のフランス映画『バクステール　ぼくを可愛がってください。さもないと何かが起こります。』の主人公、ブルテリア犬とそっくりだ。バクステールは、理不尽な主人にキレて殺してしまうというかなり癖のある犬映画、異色のサイコサスペ

大岳山の山頂直下に鎮座する大嶽神社本社

ンスだ。

バクステール（犬）に人間の深層心理を投影するという映画でもあるのだが、これらのお犬さま像にも、同じようなところがあるのではないだろうか。「どのように見るか」は、その人によってさまざまだ。像に向かって自分の深層心理を映し、山や自然と対話する。その装置としてのお犬さま像でもあるのかもしれない。

ところで、この像の古さだが、左の像の台座には、かろうじて「宝暦九年」（1759年）という銘が見える。台座に苔なども付いていないので新しく見えてしまう。一応、これが秩父と奥多摩で1番か2番目に古い像といわれているものらしい。鑁野御前神社のお犬さま像と形は似ていて、もしかしたら、同じ石工の作品かもしれないという。

拝殿の後ろには立派な本殿も建っている。横には大きな岩にしめ縄が張られ、小石がたくさん載せられていた。登山者が長い時間をかけて積み上げたものだろう。まるで、チベットの祈りの塚「オボ」のようだ。

大岳山山頂へは、神社の脇から続いている道を行く。約30分の行程だ。山頂はちょっとした広場になっていて、この日、大岳山に登った人たち10数人が休み、食事を取っていた。太陽の光がさんさんと降り注ぎ、暖かくて気持ちがいい。

神社で写真を撮っている間に追い抜いていったお父さんと小学生の男の子2人は、食事が終わったようで、荷物をまとめて、反対側（鋸山方向）へ歩いていった。

宝暦９年に奉納された大嶽神社本社のお犬さま像

左側の像は映画に出てくるブルテリア似

七ツ石神社の再建プロジェクト

〈左ページ〉
倒壊寸前の七ツ石神社の社殿。
平成29年9月撮影

山梨県丹波山村鴨沢《かもさわ》から雲取山への登山道をたどり多摩川の水源森林帯の中を約3時間、私は七《なな》ツ石《いし》山（標高1757・3メートル）に登った。東京都最高峰の雲取山の南東数キロに位置する。雲取山に登る際に通過する登山者も多い。天気がよければ富士山や南アルプスの山々を望むことができる。

頂上近くには石灰岩の7つの岩塊があるが、平将門《たいらのまさかど》のお供の7人の武者が石化したものという平将門伝承が残る。七ツ石神社は山頂直下に鎮座し、武者たちの霊を祀っている。社殿の柱は40度ほど傾き、支えている柱が絶妙なバランスでかろうじて倒れるのを防いでいた。いつ倒れてもおかしくない。その姿は痛々しいほどだった。

その社殿に寄り添うように二体のお犬さま像が左右に座っている。まるで崩れ行く建物を見守るかのように。

右側の一体「うん形」はかろうじて姿をとどめているが、体や顔にはひび割れが入っている。ずんぐりむっくりした体形で愛らしい。狼というより、子犬のようでもある。素朴で荒削りなところは、子供の絵と同じで、原始的なパワーを感じるし、人工物が自然に還

壊れないように包帯を巻かれたお犬さま像

っていく姿には胸に迫るものがあった。

左側の一体「あ形」は、顔の部分が失われ、胴体も半分に折れて、もはや元の形を想像すらできない状態だ。

昔は、峠を越えて多くの道が方々に通じていた。峠では、市や賭場も開かれていたという。中国南部の雲南・貴州省の少数民族に続いている風習に歌垣があるが、日本でも山の峠では歌垣が行われていたそうだ。今でいうと「ナンパ」だ。男女が出会う自由恋愛の場所である。意気投合した男女は、将来の伴侶となった。

峠は、現代人が考えるイメージとは違っていたのではないだろうか。だから「なんでこんなところに神社が？」と思ってしまう私は、現代的な価値観に縛られている証拠でもあるだろう。

この七ツ石神社の存在を知ったきっかけは、山に登る1カ月前の平成29年7月、東京都内で開かれた「狼伝承と登る　七ツ石山展」という催し物だった。

七ツ石山に関してのいろんな展示の中に、崩壊寸前の社殿の写真があって、私は衝撃を受けたのだ。撮影したのは、七ツ石山に何度も登り、四季折々の写真を撮り続けていたアマチュアフォトグラファーの佐治多利康さんだ。

たまたま会場にいた佐治多さんに神社の現状や再建プロジェクトのことなどを教えていただいた。

「山里に継がれてきた文化が人知れず失われようとしているのを目《ま》の当たりにした気持ちでした。それでいて、つっかえ棒で何とか立っている姿に不思議な力強さも感じました。

霧が立ち込めるお犬さま
お披露目の日

とにかく残されているうちにしっかりと撮っておきたいという思いになりました」

明治時代に神社は火災で一度消失したが再建された。しかし、現状はこんな崩壊寸前の荒れた社殿となっていた。時代の流れに逆らわず、七ツ石神社は、人知れず、静かに姿を消していたかもしれない。

しかし、ここに命を吹き込んだ人たちがいた。この時代に狼信仰の神社を再建するというのは、どういうことなのだろう?という疑問もわいた。衝撃的な写真を見てから、私はこの七ツ石神社の再建プロジェクトに興味を持ち、1年半にわたって成り行きを見続けることになった。

後日、丹波山村を訪ね、地域おこし協力隊隊員の寺崎美紅《みく》さんから話を伺った。

七ツ石神社を村の文化財として指定し、この平将門伝承と狼信仰の民俗的財産を活かし、村おこしにつなげていこうという計画だそうだ。発掘作業を行ったあとに登山道整備とともに社殿を再建するという。お犬さま像も修復するとのことだった。

ところで寺崎さんは、小中学時代には神話にはまり、日本の神話を調べている中で三峯神社の狼信仰を知った。大学では文学部に在籍し、卒論も「三峯講の研究」という筋金入りの狼好きだ。狩猟免許も取得して今年で猟歴2年目になるという。

「山の生活をもっと知りたい。獣と対峙したときの感覚を生で感じたい

担架で運ばれてきた修復後のお犬さま像

プロジェクトを推進してきた寺崎美紅さん

お披露目された新社殿

と思っています」

寺崎さんにとっては、たんなる民俗学的な興味以上に、昔から続いてきた山の猟師たちの信仰そのものを自ら心と体に受け入れようとしているかのようだ。

「私にとって狼信仰は、山や自然との付き合い方そのものといってもいいかもしれません」

狼信仰の神社の再建やお犬さま像の修復が、今の時代に行われる意味とはなんなのだろうか。

「村おこしに結びつけたい」という寺崎さんの言葉から、狼信仰というものの現代的な意味が探れるような気がする。ひとつには、こういった伝承やお犬さま像は、その土地とは切り離せない物語があるということだ。それを掘り起こし現代に蘇らせる。そこでどのように狼（もっといえば狼を含んだ自然）と係わってきたのかという物語があるからこそ、それが村おこしにつながるということだろう。

再建プロジェクトは進み、平成29年8月下旬、七ツ石神社は「七石権現社旧社地」として村の有形文化財に指定された。12月には、お犬さま像が修復のために里に降ろされた。おそらく里に戻ったのは江戸時代以来のことだという。

平成30年1月にはお犬さまの「あ形」像の顔の部分が見つかった。うっすらと目の部分もわかる。4月には解体された社殿の下から、かつて奉納された剣が二振り、神社の由緒書きと思われる木片も見つかっている。

新社殿に納められたお犬さま像

そして11月7日には、修復を終えた「新社殿」にお犬さま像が置かれて、お披露目されることになった。

紅葉の盛りを過ぎて、色づいた葉が濡れた地面に張り付いている。霧が立ち込める幻想的な光景で、お犬さまを迎えるには最高の天候になった。

昼ごろ、お犬さま像を運ぶ8人ほどの行列が霧の中から静かに、厳かに現れた。新しく修復された「あ・うん」の一対のお犬さま像は、尾根の峰谷《みねたに》登山道上までは作業用モノレールで、その後神社までは専用の担架に載せて運び上げられた。

もともと11月7日は七ツ石神社の例大祭の日だったので、それに公開日を合わせたとのことだった。

新しく再建された「新社殿」のブルーシートが外され、お犬さまの梱包もとかれて、「新社殿」の中に安置された。これは多くの人たちの強い想いの結晶だ。特にこのプロジェクトを推進してきた寺崎さんの情熱があったからだ。

「企画から3年、神社との出会いからは6年を経ての再建達成でした。いろいろなアクシデントもありましたが、大工さんたちの工夫や技術、活動を気にかけていただいた皆さんのご協力、ご縁とご加護があり戌年の祭礼日へ間に合ってホッとしています。文化財として次の100年へつなげることで、この場所の想いを守れますように」と寺崎さんはいう。

お犬さまの前には、プロジェクトに協力している画家の玉川麻衣さんが描いた狼の絵のラベルの焼酎なども供えられた。村長はじめ関係者の方々のあいさつがあり、全員で礼をして、酒を酌み交わした。

玉川麻衣さんが描いた焼酎ラベルの狼

「新社殿」とお犬さま像の修復に関しては、難しいところもあった。

この再建プロジェクトは、七ツ石神社を「七石権現社旧社地」という史跡として再建するという。自治体としては宗教的な活動を行わないことで整備・修復が可能になった事情がある。行政には政教分離という原則があるためだ。だから厳密にいえば、「新社殿」は「七石権現社旧社地」を整備するために建てられた社殿型の記念碑といった位置づけになる。お犬さまも「文化財」であり、「信仰の対象」ではないということになるようだ。

「うん形」の像のひび割れには接着剤を注入し、なるべく元の形を残して修復された。

また「あ形」は、顔と胴体は分かれ、そもそも何の像かもわからなかった状態だったので、下顎などを再現したが、ここが難しいところでもあったようだ。信仰の対象としてのお犬さまであれば、オリジナルに近い形を目指せばいいのだが、文化財なので、どこまで再現するか、という問題があった。

たとえば、スペインのイエス・キリストの壁画やマリア像がオリジナルとはまったく違うものになって批判されたが、あれは「文化財」や「美術品」としての批判だった。

個人的には、小さな村の人たちが「信仰の対象」とした壁画や像を、「文化財」や「美術品」目線だけで批判するのはおかしいと思う。とはいえ、公に公開されるものであるなら「文化財」と「信仰の対象」としてのバランスは大切だろう。

　そういう意味で、この「新社殿」のお犬さま像は、ふたつのバランスがよくとられた修復であったのではと思う。

「うん形」のひび割れたところはそのままで、時間の経過を感じるし、人工物が自然に還っていくような、そこはかとない愛おしさを覚える。「あ形」も、お犬さまらしくなった姿は、信仰の対象（文化財に対して個人的に信仰するのは自由だろうから）にもなりうるのではと感心した。

「新社殿」は旧社殿の部材を一部使って再現されている。また、左の柱の梵鐘《ぼんしょう》も旧社殿から受け継がれたもので、かつての姿を思い起こすことができる。長く愛される「新社殿」とお犬さま像であってほしいと願う。

コラム・狼の伝説

狼の恩返し

　埼玉県坂戸《さかど》市に狼民話をモチーフにした「恩がえし公園」があり、トイレやベンチに狼の意匠を施してある。

　公園に設置されている解説プレートからこの民話を要約すると、
　昔は、この辺りにもたくさんの狼がいた。その中にどん吉といういつもお腹をすかした、のろまな狼がいた。

　ある日、どんぐりの木に隠れて獲物をねらっているとおばあさんがやってきた。狼はおばあさんを食べずに、家まで送っていった。おばあさんは、そのお礼として魚をお供えした。狼たちは喜んで魚を食べた。どん吉はあまりに急いで食べたので、骨を喉《のど》につまらせた。

　そこへ酔った大工さんが通りかか

り、骨を取ってくれた。大工さんはそこで寝てしまった。夜中、目を覚ますと周りには狼がいっぱい。食べられると思った大工さんは「わしは、一日にどんぐり5個しか食っとらんからまずいぞ」。すると狼は「さっきはありがとう。忘れた道具箱を届けにきました」。それから毎朝大工さんの家の前には、どんぐり5個が置いてあったとさ。

狼の恩返しの民話だ。この「喉につかえた骨を取ってもらって、狼が恩返しをする」パターンの民話は各地にある。

ところで、平岩米吉著『狼　その生態と歴史』によると、狼の恩返しの話で日本最初のものは、『日本書紀欽明天皇紀』の「秦大津父《はたのおおつち》」の話にまでさかのぼるそうだ。

要約すると、

商人であった秦大津父は、山道で、2頭の狼が血を出して争っているのを止めた。「汝《なんじ》は、これ貴き神」と呼びかけ、もし猟師に見つかったら捕らえられてしまうからと、咬み合うのを止め、血に濡れた毛を洗いぬぐって、両方とも無事に放してやった。

その後、天皇が不思議な夢を見て、秦大津父を探し出し、大蔵省《おおくらのつかさ》に任じた。

と、いった話だ。平岩は、〈これは、狼に対する信仰の物語であると同時に、いわゆる狼の恩返しの物語の最初のものである〉と書いている。

Ⅲ 大神への祈り

岐阜県と静岡県の狼信仰

岐阜県の飛騨高山には独特の狼像が多い。いわゆる、古代オリエントの獅子をルーツとする「狛犬」ではない、比較的小さくて素朴で粗削りな石像だ。

日本では、犬や狼という身近な動物に似せた古い形の狛犬の系統があるという。それらは鎌倉期以降のものらしい。細部は大胆に省略し、狼というよりコロコロした子犬にも見え、全体に素朴な雰囲気で、「稚拙の美」とも評される。「飛騨狛犬」とも呼ばれているそうだ。

あるものは、手足の区別さえなく、まるで現代アートか、オブジェかといったユニークな像もある。たとえば、高山市久々野《くぐの》に鎮座する熊野神社の左右一対の像は、Y字を逆さまにした形をしていて、しかも一体は、先端の顔の部分が欠けているので、もう動物にさえ見えないくらいだ。

その像が狼なのかどうか、素人の私が断言できるものではないが、ただ、状況や資料から、やはり狼を象った像なのではないかと考えられているようだ。

高山歴史研究会の会報『斐陀《ひだ》』（平成3年4月1日発行）に、小山司氏の「〃飛騨狛犬〃

Y字を逆さまにしたような高山市・熊野神社の狼像

の成立背景に関する一考察」という文が掲載されている。

この中に、「三峯信仰との係わり」という項目がある。もちろんこれは、秩父の三峯神社との係わりだ。三峯信仰が遠く北海道や四国にまで及んだということがあり、飛驒高山地方にもその影響はあったようだ。

古文書やその他の記録から、この地方には多くの猪がいて、人々が猪害《ちょがい》に悩まされていたらしい。それを防ぐのがお犬さま信仰・三峯信仰なのだ。

また、この地方には、木彫の狼像も伝わっている。たとえば、劔緒《たちがお》神社や日枝《ひえ》神社などに、江戸時代の漂泊の僧・円空の特徴を持った木彫狼像もある。三峯信仰の直接の影響だけではなく、山仕事の安全祈願のため、山の神の眷属として狼像が奉納された可能性もあるようだ。いずれにしても、これらの像についての資料はほとんどなく、由来などはっきりしたことはわかっていない。

ただ、現実にそこにある像は、どれもすばらしいものであり、自由に鑑賞すればいいのだろう。逆にあいまいさは、見る人の深層心理が投影される部分もあり、

北杜市須玉町・神部神社の狼像

一種の心の鏡のように、狼像を前にして、日々の忙しさを忘れ、静かにじっくりと、自分や自然との対話をしてみるのも一興かと思う。

そんなユニークな狼像をめぐる旅に出た。

埼玉県の自宅を出発して、途中、山梨県甲府市御岳町の金櫻《かなざくら》神社でお犬さまのお札をいただき、北杜市須《す》玉《だま》町の神部《かんべ》神社を訪ねた。ここにも子犬のような可愛らしい像が奉納されている。どうしてこのようなユニークな狼像を思いつくのか、これを作った石工に脱帽する。これも一般的な「狛犬」とは違う飛騨狛犬の系統なのだろうか。

長野県安曇《あづみ》野市から国道１５８号線を通って岐阜県高山市を目指す。急ぎ旅でもないので安房《あぼう》峠の旧道を行くことにした。途中安房峠付近からは、雪山も見えたし、すばらしい6月の新緑を満喫できた。

山を下り、木彫りの狼像があると聞いていた高山市・剱緒神社を参拝した。

像を探して、本殿の周りをうろうろしたが、本殿に

〈左ページ〉
高山市・剱緒神社の木彫の狼像

飛騨市・白山神社の境内に建つ狼像

白山神社の社殿左脇に建つ一体だけの狼像

白山神社の狼像と拝殿

隣接した摂社に目的の狼像はあった。害獣除けなのか、社殿には網がかけられているので見づらいのはしかたないことだろう。

木彫りの狼像を見たのは初めてだが、笹野一刀彫のように丸太をくり抜き、鉈《なた》や斧《おの》で削って作ったらしい。顔は獅子頭のようでもある。荒削りの像は鉈や斧の痕《あと》も、木のふしも残っていて、素朴な味わいがある。イメージをイメージのままに表現したといった風情で、それだけに力強さが感じられる。

岐阜県は生涯に12万体の仏像を彫ったといわれる円空上人の生まれ故郷でもあり、円空の作品と伝えられる木彫りの仏像は県内に1000体以上残されているそうだ。

一刀彫が円空仏の特徴だそうだが、この像にも円空の特徴が表れているということなのだろう。

高山市の北に隣接する飛驒市古川町中野に鎮座する白山神社は、村はずれにある水田に面した静かな神社で、山犬（狼）が神使《しんし》として信じられてきた。

白山信仰は、加賀国、越前国、美濃国にまたがる白山に係わる山岳信仰で、狼信仰は修《しゅ》験《げん》道と関係があるという人もいる。山にこもって修行すれば、狼に出会うことも多く、愛着や畏敬の念が芽生え、狼信仰につながっていくのは自然なことではないかというのだ。

昔、この神社の鍵取りを務める国定家からお札をいただいて旅に出ると、山犬（狼）除けの霊験があり、安全な旅ができたという話もある。

大正15年4月に建立された境内の左右に鎮座する狼像の一対と、社殿左脇に鎮座する一体。どれもがしっかりとした造りで、狼の特徴をよく表している。今まで見た狼像の中で

朝焼けに色づく滝町棚田

もかなり写実的な狼像だと思う。これは「飛騨狛犬」ではないが、大いに気に入ってしまった。

時折、生暖かい風が吹き、草木が揺れる。どこからか狼の遠吠えが響いてくるようだ。


もともと私は棚田など日本の風景の写真を撮っていたので、全国をめぐるようになり、犬像や狼像に出会い、ついに狼信仰にのめり込んでいったという経緯がある。だから今でも棚田があるとつい寄ってしまう。ということで、早朝に高山市の滝町棚田へ向かった。棚田は南北の谷筋に沿った細長い形で広がっていた。県道から農道へ入っていくと「ぎふの棚田21選」の看板が立っていた。

民家のほうへ歩いたが、耕作放棄されている部分もあって、ここも維持が大変なんだろうなと想像する。田んぼの周りには、害獣除けの網や電気柵が設置してあり、農家にとっていかに害獣対策が深刻なものであるかを思い知らされる。

昔からそうだった。農家にとっては、害獣との戦いでもあったのだ。全国各地には「シシ垣」という害獣

高山市・天堤神社境内の荒神大神社左側の狼像

「ひよこ」のような荒神大神社右側の狼像

除けの石垣が今でも残っている。私は埼玉県秩父市や大分県佐伯《さいき》市でこのシシ垣の写真を撮っている。

そこで狼という動物がこの害獣を防いでくれるということで、ありがたがられ、崇められたというのは、自然の流れだったのではないだろうか。農民の自然発生的な狼信仰が初めにあったとしても不思議ではないような気がした。

少しだけ朝焼けになり、田んぼの水を若干紅《あか》く染めた。

棚田から下りて、近くの天堤《あまつつみ》神社を探した。境内社である荒神大神社に飛騨狛犬があるらしい。塩屋集落でたまたま道を尋ねた軽トラックのおじいさんは「俺の後ろをついてきて」という。案内してくれるというのだ。軽トラの後ろをついていったが、何度も曲がり、これでは口で説明するのも難しかったろうと思った。

幼稚園のような広場の横に小さな丘があって、上のほうに天堤神社の社殿が見えた。

おじいさんは、この神社は、もともとダムに沈んだ村から移されてきた神社で、だからそれほど昔からここにあるわけではないと教えてくれた。以前このあたりは誰も住んでいない山林だったらしいのだ。境内社である荒神大神社もいっしょに移されてきたのかもしれないという。

おじいさんは田んぼの水の様子を見に行くというのでお礼をいって別れた。私は神社の鳥居を入って本殿の右裏にある荒神大神社へ向かった。

手前に一対の狛犬が鎮座している。これも飛騨地方独特の、飛騨狛犬のようだが、だいぶ古いらしく、風雪で石像は磨かれて丸くなっている。とくに右側の像はほとんど形もわからないくらいだが、口の部分が少し尖っていて、かろうじて自然石ではないことがわか

高山市・日枝神社の木彫の狼像

り、微妙な朽ち方がまた私の心をくすぐる。このあいまいな形が、見る人の想像力をかきたてる。そこが飛驒狛犬の魅力のひとつだろう。

これを「狼」と見るのは私が狼に関心があるからで、狼ではなく東京土産の「ひよこ」だと言い張る人がいてもいっこうにかまわないのだ。人は見たいものを見ている。

高山市街地に入ってまず向かったのは日枝神社だ。まだ午前7時ころだったので、参拝者は誰もなく、シーンと静まり返った境内を歩き、朝のさわやかな空気で深呼吸し、まず本殿を参拝した。大きなスギの木が立っていた。本殿の右奥へ入っていくと富士社があった。左側には「筆塚」という石碑もあった。さらに左奥には、真っ赤な鳥居が印象的な稲荷神社と狐像が建っている。

社務所のある下まで階段を降りたとき、右側に「祓い所」があって、そこに先ほどは気がつかなかった一対の狛犬が鎮座していた。これも、この地方独特の木彫りの狛犬像のようだ。荒削りの狛犬像で、前日に見

〈左ページ〉
高山市の「飛驒の里」に移された
匠神社の狼像

た劒緒神社の木彫りの像と雰囲気は似ているが、こちらのほうがより写実的だ。顔は鼻の穴を広げたような獅子舞の獅子頭のようで、胸のあたりに横の線が何本か入っていて、これはあばら骨の表現にも見える。とすると、やはりこれも狼像なのだろう。

今度は、日枝神社から市内の西にある飛驒地方の民家を移築したテーマパーク「飛驒の里」へ行った。この中に匠《たくみ》神社が鎮座し、かなり古いといわれる飛驒狛犬があるはずだった。

開門の8時半直前だったが、入場させてもらうことができた。池があり、周りに古民家が並んでいて美しい。

匠神社はこのテーマパーク「飛驒の里」の高い位置にあった。ホームページによると、この匠神社も「飛驒の里」のために各地から集められて作られた神社だそうで、本殿は旧河合村保《ほう》にあった鈿女《うずめ》神社、拝殿は旧宮川《みやがわ》村加賀沢の白山神社、鳥居と灯籠は高山市桐生《きりう》町から移築したもの。拝殿の天井には、飛驒中の職人やアーチストらによって描かれた天井絵があって、6月と11月初旬に公開しているそうだ。

それで肝心の飛驒狛犬はというと、傾斜45度はあるかと思えるほどの急な石段の手前に鎮座していた。像はコロコロしたもので、子犬のように見える、飛驒狛犬独特の姿だ。しかし、解説看板にはこの狛犬について、「高山市丹生川《にゅうかわ》町に伝わるかなり古い狛犬」と紹介されているだけで、狼像なのかどうか、詳しい情報はなかった。

高山市一之宮町の水無《みなし》神社はかなり大きい境内を持ち、入口の鳥居の脇には、平成29年

高山市・水無神社の山門内に納められた木彫の狼像

水無神社の拝殿前に建っている狼像

5月に奉納されたばかりの狼像が一対鎮座している。真新しい純白の像は青空に映え、まぶしいくらいだ。

境内には、ほかにも複数の狼像がある。拝殿の手前に狼像が向かい合わせで鎮座している。それと山門の左右の格子の中には、それぞれ一体ずつ、彩色された木彫りの狼像が納められている。全身に彩色が施され、すばらしい作品だ。おそらく全国の狼像の中でも、このように彩色された姿は珍しいだろう。もしかしたらほかに例を見ないかもしれない。

高山市から下呂《げろ》市へ南下した。市街地の手前に西上田神社は鎮座していた。ここにある飛騨狛犬は、ぜひ見てみようと思っていたものだ。ネットでこれを見つけたとき、ちょっと驚くような姿だったからだ。

社殿へ上がる階段が左右にあって、どちらも階段を上ったところに一対の石像が建っている。これも飛騨地方独特の子犬型の飛騨狛犬で、特に左階段の像はすばらしかった。苔むした頭はふさふさと生えている毛のようでもあり、まるでぬいぐるみだ。テディベアのようにも見える。これがネットで見つけた飛騨狛犬

下呂市・西上田神社の山之神の石碑と狼像

だ。

右側のも目が可愛く、子犬でもあるが、子熊のようにも見えてくるし、狼のようにも思える。思わず抱き上げたくなりそうだが、もちろんそんな罰当たりなことはできないので、しつこいくらいにレンズも替えて写真をたくさん撮った。写真を撮ることが、私なりのお参りの仕方でもある。

一方、右階段の一対の狛犬は、顔がどことなく奇怪で、薄笑いを浮かべているようにも見え、不気味な雰囲気をしている。左階段の狛犬とはかなり対照的だ。

それから、右側奥には「山の神」の碑がいくつも祀られていて、その左右で守っているものも同じ飛驒狛犬のようだった。

翌日は、一日中雨模様だった。飛驒地方から南下して、岐阜県恵那《えな》市南部の山中に鎮座する中山神社を目指した。中山神社にもお犬さま信仰が息づく。この神社には数年前にも一度参拝し、奉納されているお犬さま像に心を打たれた。それだけ印象的なお犬さま像だったのだが、もう一度会いたくなった。

左側階段のテディベアのような狼像

右側階段上で守っているモアイのような像

耳が欠けてしまったらしい狼像

恵那市・中山神社の幽玄な境内

中山神社の二体のユニークな像

中山神社の陶製お犬さま像

途中、旧明智《あけち》町の町おこしとして構想された日本大正村があったので散策した。そのとき街のクリーニング屋の軒先に、中山神社のお犬さま像とお札が貼ってあるのを見つけた。高さ10センチほどの黒い土製お犬さま像は、箱型の入れ物に納められている。その隣に、見覚えのあるお札が貼ってあった。考えてみれば、ここから中山神社はそれほど遠くないのだ。

中山神社に到着したのは午後1時ころだったろうか。霧雨は降っていたが、逆に、それが境内の幽玄さを醸し出した。雨のしずくの音と、鳥のさえずりが響いていた。

中山神社の何が面白いのかというと、拝殿横に造形的にも優れている独特の狛犬と、たくさんのお犬さま像があるからだ。以前来たときも撮影した狛犬は、灰色と黒色の二体あった。灰色の像は、ロン毛のような髪型で、近未来的な容姿で衝撃的だった。黒色のほうは細身の姿で、狐のようでもあるが、今や狼にしか見えない。

そして陶製のお犬さまもユニークなもの。中山神社では、このお犬さま像を貸し出している。

神崎かず子氏の『陶製狛犬の伝来と民俗習慣に関する報告「陶磁のこま犬百面相」展拾遺』を参考に要約すると、

秩父の「お犬さま」は紙に刷ったお札だが、中山神社では陶製のお犬

近未来的髪型に見える中山神社の像

さま像を借りることができる。高さ5〜10センチくらい、鉄釉や瓦製のものが主で、細長い口吻部《こうふん》、長く直立した尾。狐と見間違えるような姿だ。

ここのお犬さまはとくに、狐憑きを祓う効果がある、魔除けにもなるといわれている。今ではあまり聞かなくなったが、「狐に憑かれた」とか「狐憑き」とは、狐の霊に取り憑かれたといわれる人の精神の錯乱した状態で、今でいうと精神病の一種と考えられる症状だ。

お祓いを受けて、狐の霊を追い出すことで治そうとしたという。その効果があると信じられたのが中山神社のお犬さまなのだ。

10月の例大祭のときに、そのお犬さま像を持参してお祓いをしてもらい、自宅に持ち帰って祀り、病気が治ればそのお犬さま像を翌年神社に返す。ただそのときは、倍の数（二体）を返すことになっている。

昔からこの中山神社のお犬さまの霊験は知られていたらしく、日本各地から、ここのお犬さまの像が発見されているという。

神社の境内には、お犬さまを祀った祠が設けられて

浜松市北部、山間部の風景

いる。お犬さま像が十体ほど並んでいた。素朴な美しさがある。去年の例大祭で返されたものだろうか。

静岡県浜松市の山住《やまずみ》神社は、JR飯田線・水窪《みさくぼ》駅からさらに数キロ山の中へ入ったところにある。

山住峠は四叉路《しさろ》になっていて、山住神社の鳥居がすぐ近くに見えた。さっそく鳥居のところ、両側にお犬さまの像が一対鎮座している。牙がある像だ。狼らしい狼像といえるかもしれない。これだけ牙がはっきりと表現されている像を、今までどこかで見たろうか。

神門を入ると、広い境内に2本の巨大な神木が立ち、太い幹に朝日が当たっている。「山住神社」の幟がたくさんはためいている。神域にふさわしい幽玄な雰囲気の中、社殿から祝詞が聴こえてきた。

白い装束に薄青の袴《はかま》をはいた宮司は、私が埼玉県からお犬さまのお札をいただくために来たと知ると、さっそく社務所の窓を開けてくれた。そこには何種類かのお札の中にお犬さまの姿が入ったお札があった。

「埼玉の秩父では、これを〝お犬さま〟と呼んでいますが、ここでは何と?」

「お犬さまです。狼のことです」

「鳥居のところの狛犬像もお犬さまですか?」

「そうです」

浜松市・山住神社の扁額

やはり、ここでも「お犬さま」と呼んでいる。しかし、どうしてここが狼・お犬さまと関係するのかわからないそうだ。いろんなことがあって、そうなった、みたいな答えだったが、その通りなのだろう。このあたりも狼は猪・鹿の害を防いでくれたり、山仕事の安全を祈って、山の神の眷属・神使として狼が信仰されてきたということなのだろう。

平成26年3月15日の静岡新聞「大御所の遺産探し4」に、1573年の三方ヶ原の合戦で、武田信玄の攻勢を逃れて徳川家康が山住神社まで逃れたときの伝説について触れられていた。記者の取材を受けた山住神社の宮司によると、お犬さまは家康の命の大恩人だったという。

〈敵軍が神社に迫るやいなや、空は雲に覆われ「うぉーうぉー」と山犬のほえる声が地鳴りのように響き渡った。肝をつぶした敵軍は退散し、家康は辛うじて難を逃れたという。鎌倉宮司は「お犬様のほえる声が家康の命を助けた。武田軍からしたら、敵の軍勢の足音にでも聞こえたんじゃないか」と思いをはせる。／翌年、家康は神社を参拝し、後に刀を奉納したと伝えられる。（略）「毎月1、17の両日、お犬様にお神酒《みき》やお洗米をささげる儀式は欠かさない」と鎌倉宮司〉とある。

家康とお犬さまが関係していたという話は面白い。

山住神社から春埜《はるの》山大光寺へ向かった。大光寺は標高883メートルの春埜山頂近くに鎮座する神仏混淆《こんこう》の名残りの寺で、お犬さま信仰の寺として知られる。

ナビ通りに行ったら、最後の2〜3キロがとんでもない狭い山道で、舗装されていなラフな道路を進む羽目になった。ヘアピンが曲がり切れず何度もスリップした。あとで知っ

山住神社の大きい牙のお犬さま像

鳥居前に鎮座するお犬さま像

山住神社のお犬さまのお札

浜松市・春埜山大光寺、本殿横に鎮座する狼像

春埜山大光寺のお犬さまのお札

柔らかな曲線が美しい狼像

たが、ちゃんとした舗装道路が別に通じていたのだ。しかし、苦労したという状況がまた「桃源郷」と同じで、お犬さまに出会う条件としてはよかったのかもしれない（と思うことにする）。

春埜山大光寺の境内は静かだった。一番上にある本堂が立派なもので、左右一対の狼像が守っている。だいぶ細い体つきをしているが、あきらかに狼だ。端正な姿にほれぼれする。新緑を背景にしたシルエットの曲線がなまめかしい。

社務所を覗いたら、お犬さまのお札があった。左を向いて台座に座る白黒ブチ模様のお犬さまで、これは「狼」にはありえず、「犬」でしかないが、ここが犬と狼の区別があいまいなお犬さまの姿でもあるだろう。このお札と似ているのが、静岡県藤枝市の鬼岩寺《きがんじ》境内の黒犬神社のものだ。ここのお犬さまも白黒のブチ模様なのだ。実はお札だけではなくて、伝説でも係わりがあり、春埜山から遣わされた神犬（狼犬）クロを祀ったのが黒犬神社だったのだ。

呼び鈴を鳴らし、「すみません。ごめんください！」と声を張り上げたが、シーンと静まり返って、人の気配はしなかった。黒犬神社との関係なども聞いてみたいと思っていたのに、やはり連絡してから来ないと、こういうことになってしまう。しかたないので、お札の写真だけガラス越しに撮らせてもらった。

東北地方の狼信仰

ニホンオオカミの最後の個体は、明治38年、奈良県で米人アンダーソンに売られたものといわれているが、岩手県民には失礼な話だが、昔は「日本のチベット」などと揶揄《やゆ》されていたように、岩手県に狼が最後まで生き残っていた可能性も、ゼロではないかもしれないという話がある。

東北地方の狼を追った遠藤公男著『ニホンオオカミの最後』によれば、明治40年10月13日の巌手日報に「狼を捕獲す」と題した記事があったそうだ。岩手郡中野村（現盛岡市）西安庭《あにわ》というところで、狼3頭を捕獲したというのだ。

アンダーソンが奈良県で狼を買ってから2年9カ月後で、これが本物の狼だったとしたら、日本最後の狼になるかもしれないが、残念ながらこの記事の動物が、本当の狼だったのかどうかは、今となっては残念ながらわからない。

全国に狼信仰は見られるが、東北地方も狼信仰が濃厚に残っている地域のひとつだ。当時の人たちは狼をどのように捉えていたのだろうか。

奥州市・衣川三峯神社の狼像

江戸時代後期の旅行家・地理学者だった古川古松軒《こしょうけん》は『東遊雑記』を著したが、その中に、狼についての記述がある。幕府巡見使の随員に採用された古川は、江戸時代の天明８年（１７８８年）に現宮城県登米《とめ》市米川《よねかわ》の狼河原《おいのかわら》を通った。『東遊雑記』では〈この辺は鹿出で田畑をあらすゆえに、狼のいるを幸いとせるゆえか、上方・中国筋のごとくには狼をおそれず。夜中狼に合う時には、狼どの、油断なく鹿を追うて下されと、いんぎんに挨拶して通ることなりと、土人物語せしもおかし〉と紹介している。

狼がどんな存在だったかが垣間見える。狼が猪・鹿を追い払ってくれる益獣としての認識だ。

一方で、もちろん狼に襲われる話もたくさんある。とくに東北は馬産地でもあったので、狼の被害にたびたび遭っていた。

柳田國男著『遠野物語』にも狼被害の話はあって、小友《おとも》村の旧家で馬７頭が狼に食い殺されたことが書いてある。

また、古くから南部駒で有名だった盛岡藩の狼被害は、『盛岡藩雑書』で知ることができるという。正保元年（１６４４年）から天保11年（１８４０年）まで、狼による馬の被害のほかに、まれに子供が襲われたという記録など１５０件以上の狼被害が記録されている。また、狼狩りや狼討ちに対する報奨金の記録もある。それだけ、馬産地にとって、狼はやっかいな動物であったことも確かだろう。

オイヌゲエから始まった私の狼をめぐる旅は、東北へと向かった。これだけ狼信仰や狼

衣川三峯神社では狼を狼で封じようとした

衣川三峯神社の鳥居と狼像

像に魅了されるとは思っていなかったが、ここまで来ると、意地ではないが、「狼像がある」と聞けば出かけるしかなくなるというのは、私の性分だからしかたないだろう。

東北の狼信仰は大きく分けて3つの系統があるという。三峯信仰、山《やま》津見《つみ》信仰、そのほかの山神信仰に分けられる。

その中のひとつ、秩父の三峯神社を総本山とする三峯信仰は、遠く東北地方や北海道にまで広まった。

江戸時代に正式に分霊された唯一の神社が、岩手県奥州市に鎮座する衣川三峯神社だ。世界遺産の平泉中尊寺本堂から北西1・5キロほどのところに位置し、東北の狼信仰の中心になった神社だ。江戸時代中期の享保元年（1716年）3月、総本山・三峯神社から分霊勧請された。

ここは馬産地で狼が馬を襲う被害が多発していた。被害は深刻だったので、名馬を贈るなどして必死で三峯神社から分霊してもらったといわれている。名馬を贈るだけでなく、信者までも引き連れて、分霊のお願いに行ったそうだ。

つまり、ここでは秩父と違って狼は益獣どころか害獣だった。むしろ祟《たた》り神として恐れられていた。狼を狼で封じようとしたのだろうか。

石段を上ると、鳥居と両脇に控える狼像が現れる。狼像とはいうものの、姿は丸みを帯びた犬のようでもある。しかし近づいてよく見れば、いわゆる「狛犬」とも違う狼像であることがわかる。

衣川三峯神社の狼のお札

社務所で「お犬さまのお札をいただきたいのですが」と頼むと、「狼ですが、いいですか？」と聞かれた。もちろん「はい」と私は答えた。「秩父では〝お犬さま〟と呼んでいます」と私が付け加えると、「ここでは大口真神とか、オオカミと呼んでいますね」とのこと。お札には、「三峯神社　御守護」とあり、左向きに座った一頭の黒い狼の姿が刷られている。

東北各地に点在する小さな三峯神社は、さらに、ここ衣川三峯神社から分霊されたものも多いようだ。分霊社は、太平洋側に多く、日本海側には少ない傾向があるという。

ところで例祭日が、旧正月19日、旧3月19日、旧9月19日と書いてあったので、そのことについて社務所で尋ねると、この3祭日ともに、今も旧暦でやっているそうだ。ちなみに、総本山・三峯神社でお犬さまに供物を捧げる神事「御焚上」の日は10日と19日だ。

以前、神社関係者からこのような話を聞いた。明治6年に新暦（太陽暦・グレゴリオ暦）に改暦されたが、主な神社には明治政府の役人が派遣されて、祭りごとも新暦に直された。しかし地方の神社では長く旧暦で行われていた。それが新暦に変わってしまったのは、大正・昭和にかけて行われた「生活改善運動」の旧暦慣行是正の影響が大きかったという。それでも最近まで旧暦で行っていた神社は一部残っていた。

もともと神事や祭りは、月の満ち欠けに関係した旧暦で行っていたので、新暦に直して、その意味の半分が失われてしまったといえるのかもしれない（最近では、新暦でさえなく、土日に変更されていたりする）。だからまだ旧暦で行われている衣川三峯神社の例祭は本来の意味を残した祭りといえるだろう。

加美町・三峯神社の狼は可愛らしい木彫りの像

宮城県加美町《かみ》にも三峯神社がある。ここに狼の木像があるというので訪ねてみた。ずっと気になっていた狼像だ。ネットで写真を見ただけなのだが、今まで出会った狼像は、どちらかというと、眼光鋭く、体が引き締まった野性味たっぷりの、どことなく恐ろしい像だったが、これは随分と雰囲気が違った。要するに「かわいい」狼像だったのだ。

小さな三峯神社の社は、運動公園の横で、用水路が流れている道沿いにあった。たぶん湾曲した道は旧道なのだろう。天気次第では、扉が閉められていると聞いていたが、この日は天気が回復したので開いていた。

高さ約25センチほどの白っぽい木像二体が納められている。耳がふたつピーンと立って、たたずまいも奥ゆかしい。大小夫婦のように寄り添った狼像だが、素朴な木彫りに温かみを感じた。

福島県飯舘村《いいたて》の山津見神社は東北の狼信仰の3つの系統のひとつ。ここには、狼の天井画があるというので訪ねた。

飯舘村は、阿武隈《あぶくま》山系北部の高原に開けた自然に恵

飯舘村・山津見神社の社殿前の狼像

まれた村で、平成22年9月に「日本で最も美しい村」連合に加盟した。畜産業に力を入れ、黒毛和牛の「飯舘牛」はブランド牛として高い評価を得ていた。

それが東日本大震災で、住民は移住を余儀なくされた。未曾有《みぞう》の災害に巻き込まれてしまうとは、誰が想像しただろう。

山道を進むと左手前方に切り立った岩山がちらりと見えた。スリランカの世界遺産シーギリヤ岩山ほどではないが、ここには何かあるなと思えるような特徴的な岩山で、案の定、神社はその直下に鎮座していた。

鳥居を入り参道を進み階段を上り切ると、一対の狼像、さらに拝殿前にも一対の狼像と、左側にはヤマトタケルの像が置かれている。山津見神社の御眷属は白《はく》狼《ろう》で、お札も授与している。火難除け、山仕事の安全、豊作、豊漁、交通安全、酒造、安産などに霊験があるといわれる。

平成25年4月1日に火災が発生し、社殿と宮司宅が焼失した。拝殿は平成27年6月に再建されたもので新しい。拝殿の入口は自動ドアだ。

狼が描かれている天井画が目に飛び込んできた。山

復元された山津見神社の狼の天井画

山津見神社のお札とお守り

津見神社といえばこれという、有名な天井画（眷属絵画）だ。

　240枚（旧社殿では237枚だった）、どれひとつとして同じ姿はなく、親子、夫婦、単独の狼の絵で天井が埋め尽くされている。口は赤、毛は茶、腹は白く描かれた狼像が多い。座る、歩く、振り向く、水を飲む、戯れる、木に上るなどさまざまだ。

　この神社が焼失する前、たまたま研究用として天井画が1枚1枚記録写真に撮られていたので、写真をもとに天井画を復元することができた。絵の位置は同じではないが、すべての絵は復元されている。復元したのは東京芸術大学の院生たちだそうだ。単なる美術品のコピーではなく、新しい奉納品という位置づけらしい。

　ところで、先ほど車から見えた特徴のある、あの岩山の頂上付近には奥宮が鎮座しているという。最後は梯子《はしご》を上っていくという切り立った場所だそうだ。

　この山は標高705メートルあり「虎捕山《とらとり》」と呼ばれる。約900年前、橘墨虎《たちばなのすみとら》という凶賊がいた。付近一帯を荒らしまわって良民を苦しめていた。永承6年（1051年）、人々が墨虎を退治してほしいと訴えたことで、奥境鎮守のため下向していた源頼義は部下に命じて、墨虎を討たせた。だから「虎捕山」。

　山頂からは晴れたら浪江町の海まで見えるそうだ。虎捕山は、海が見える山の神として崇められ親しまれてきた。山の神は、はるかな洋上で働く人々を見守り、豊漁と海上の安全を導いてくれると信じられているからだ。

　山の神が海とつながっている話は、秩父の三峯神社でも聞いた。虎捕山から下った真野川は、途中真野ダムを経由して、右田海岸のところで太平洋に注いでいる。山と海は、川でつながっている。

仙北市・西木町狼犬沢の狼犬祠

祀ってある女の山神像と白狼像

地元では原発の放射能を山津見神社で食い止めた、という話があるそうだ。山津見神社らしい。

自然を畏れなくなった人間へ警告するものとして、狼が再び姿を現わすことは不思議ではないような気がする。

秋田県や岩手県では、オイノ祭り（狼祭り）が行われていたという話を聞いた。馬産地であった東北では、関東とは違って、狼は恐れられる存在でもあった。そこで、その被害がなくなるようにと願って行われたのがオイノ祭りであったようだ。

狼もいなくなったし、もう祭りは残ってないだろうなとは思ったが、どんなところでお祭りが行われていたのか知りたくて、訪ねることにした。

まず秋田県仙北《せんぼく》市西木町上桧《かみひの》木内《きない》の狼犬《おいぬ》沢を訪ねた。かつて近くには牧場があったらしく、狼が出没していたので狼犬沢と呼ばれているそうだ。

ここに小さな「狼犬祠」という祠があって、木造の女の山神像と、一対の白狼像が桐箱の中に祀られていた。三峯信仰と関係があるようで、「三峰《さんぼう》様」とも呼

オイノ祭りがあった大槌町
金沢地区に残る鳥居

「三嶺山」と「山神」の石碑

ばれていた。いつ作られたかもわからなく、大きさもせいぜい20センチの小さなものだが、その存在感はすごいものがある。それだけ当時の人たちの狼に対する恐れが強かったのかなとも思う。

田沢湖を経由し岩手県盛岡市に出て、沿岸部の宮古市へ向かって東へ走ると、とたんに交通量が多くなった。復興支援の車だろうか。

ＪＲ山田線・陸中川井駅の手前で、遠野方面へ向かう国道３４０号線に入った途端、急に静かになった。山道だ。さらに大槌《おおつち》町へ抜ける県道26号線の山道は曲がりくねって狭かった。10数キロ行くと、峠を越えて、ようやく大槌町に入り、右手に川を見ながら快調に走る。

県道から右折し、金沢《かねざわ》地区の安瀬《あぜ》の沢に入る。1キロほど行くと点々と民家が建っていて、あるお宅の庭に老夫婦がいたので、オイノ祭りと石碑のことを聞いてみた。すると、ここのおじいさんは、「三嶺山」と「山神」の石碑は、今も三右エ門橋を渡ったところにあると教えてくれた。鳥居も健在らしい。

男女の神様と狼が座っている山神図

あったかと、私は安心した。最近の状況は、役場で尋ねてもわからなかったからだ。

「でも、オイノ祭りはもうだいぶ前にやらなくなっていますよ」

という。今さら何を?といった空気を感じたので、全国の狼関係の写真を撮っている写真家ですと自己紹介すると、ようやく私がここに来た目的を理解してくれたようだった。

その石碑は、そこから1キロも行かないというので、とりあえず車で入っていった。途中で舗装がなくなっていたので、ここから歩くかなと思っていたら、先ほどの話を聞いた老夫婦がやってきた。小型のトラクターに乗ったおじいさんは、この上のピーマン畑に仕事に来たという。おじいさんは「ついでだから俺も行ってやる」といって、車を先導してくれた。

三右エ門橋に鳥居があり、高さが1メートル弱の石碑が2基、並んで立っている。これが「三嶺山」と「山神」の石碑だ。昔はここでオイノ祭りが行われていた。鳥居には、男女の神様らしい姿と両脇に狼が座っている山神図が下げられていた。

ところで、鳥居の先に草に覆われた坂道があるが、昔、遠野へ通じる唯一の道がこれだったという。もちろん今は誰も使わない。だから荒れ放題だ。けっこう昔は人通りがあったようだ。ここでは稲作をしていなかったので、遠野から藁《わら》を背負ってきたこともあったそうだ。

ここに碑を立て、オイノ祭りを行っていたのは、「狼さま、できましたら、ここから里へは降りてこないでください」という願いだったのではないかという。

次に、金沢地区の中心地、元町へ向かった。道路で休んでいた地元の人にオイノ祭りを行っていた石碑の場所を尋ねたら、商店の裏側にあることがわかった。

大槌町金沢地区の元町に残る「三峯山大権現」の石碑

数基の石碑の写真を撮ったが、中央の「三峯山大権現」の石碑以外は文字が読めなかった。

商店で飲み物を買い、奥さんにオイノ祭りのことを聞いた。現在、祭りとしてはやってないが、毎年2月19日前後の日曜日に、集会はやっているという。祭りの名残りはかろうじてあるといった感じだ。

昔は、20数軒あって、その年の当番の家ではご馳走を用意し、みんなで会食したというが、今は集会所でやるようになっているそうだ。

宮城県丸森町に珍しい狼像があることがわかった。教えていただいたのは、村田町歴史みらい館の専門員・石黒伸一朗さんだ。

石黒さんは宮城県内の猫・狼などの石碑を研究しているが、丸森町には猫の石碑が多いらしい。養蚕が盛んだったので、鼠除けのために猫を多く飼っていたからというのが、一般的な説明だが、石黒さんは、猫の供養もあったのではという。

宮城県内には、犬・狼関係の石碑は10基ほどあるらしい。その中で、像が彫られたものは多くなく、鬼ヶ柵の山神社のほか、3カ所を教えてもらったが、すべては丸森町にある。しかも丸森町でも大内地区に集中している。この狼は、近くの山津見神社の御眷属としての狼を表していると考えられているそうだ。

地図で確かめてみると、福島県飯舘村の山津見神社と大内地区は、直線距離で10数キロしか離れていない。県境をまたいで交流はあったということだろう。

石黒さんは大内地区の石碑に動物との独特の関係性を感じるという。同じ石工が作った

丸森町大内地区の
狼のレリーフ石碑

のかもしれない。

その狼の石碑のうちの1基は、大内地区の、あるお宅の玄関先にあった。ご主人が在宅で、狼の石碑を見に来たというと「よく来てくれましたね」といって案内してくれた。それは庭の草に隠れていた。ご主人は見えやすいようにとわざわざ草を刈ってくれた。

彼のおじいさんからは、長年これを飼犬の墓だと聞いていたそうだが、あるとき石黒さんが調べにきて拓本を取ってみたら、江戸時代の古いもので、犬の墓ではなく、狼像だったことがわかったという。狼像のレリーフは彫《ほり》が浅いので、晴れた日か、夜に懐中電灯で照らして陰翳をつけたほうが見やすいかもしれない。

それにしても、狼像が彫られた石碑というものをほかで見たことはなく、かなり珍しいもののようだ。石黒さんによると、狼像だけ彫った石碑は、丸森町大内地区にだけ点在していて、狼像と「三峯山」や「三峯神社」の文字といっしょに彫られた石碑は、宮城県北部や岩手県沿岸部で3基確認されているだけだという。

もう一カ所、狼像がある鬼ヶ柵山神社へ向かった。

神社のそばで草むしりをしていた奥さんのところに車を停めさせてもらい、仮に架けられた橋を渡って田んぼの向こう側に行った。

赤い鳥居の先、山神社の境内には、石碑が20基ほど並んでいた。馬、猫、狼、そして、蚕の供養碑もあった。狼の石碑は木の幹の裏側の、正

丸森町・鬼ヶ柵山神社の狼のレリーフ石碑

鬼ヶ柵山神社には20基ほどの石碑が並ぶ

面からは見づらい位置にあった。斜めから見るしかないが、高さ約50センチの安山岩製の石碑に、左を向いた狼の座像が彫られ、上部に三日月とたなびく雲が施されている。尾は巻いていて、腰を少し浮かせた状態なので、立ち上がる寸前の姿を表しているのではないかという。右側に「明治廿二年十月十一日」と彫られている。

狼自体の大きさは、高さが23センチで、それほど大きくはないものの、全国の狼像を見てきたが、このようなユニークな狼像をほかで見たことがない。

車に戻ったとき、草刈りの奥さんに「すごい、すごい、いろんな動物いましたね」と、私は興奮していったが、「そうかね」とそっけなかった。

平成30年10月19日から12月19日まで、村田町歴史みらい館で、企画展「再び、オオカミ現る！ 東北地方の狼信仰」が開かれた。

私も10月下旬に訪ねて、石黒さんに話を伺いながら展示を拝見したが、新発見の資料も多く、これでもか、これでもかというくらいの「狼圧」を感じた。内容が

丸森町熊野神社内・山神社の木彫りの狼像

濃すぎるのだ。だから見るほうも心してかからなければならない。少しでも気を緩めれば、「狼圧」に押しつぶされそうになる。この展示の立役者は、石黒さんなのだが、彼の狼に対する熱い思いが、この「狼圧」を生み出したといえるだろう。

狼の姿が入ったお札を刷った版木6枚、「神習教虎捕講社」の資料、狼の絵が入った祭礼用の幕、狼の石像など、福島県を中心に発見された貴重な資料が初公開されたのだ。狼好きにはたまらない企画展で、実際、訪れる人は、東北在住の人ばかりではなく、関東や関西からもやってきているのだ。

それにしても石黒さんの狼にかける情熱は半端ではなく、これからも、いろんな資料が発見されていく予感はして、東北の狼信仰については、まだ知られていない部分が大きいなぁというのが率直な感想だ。だからこそ、わくわくするのである。石黒さんが、何かまた発見するのではないかと。

石黒さんはいう。

「私はお札や版木、浮き彫りした石碑、石像など、狼の図像に興味がありますが、その顔は凶暴なもの、ひ

山形県の最上町にも「三峯山」の石碑がある

ょうきんなもの、あるいは可愛いいものとさまざまです。その狼の図像は、人間をあらゆる災害から守ってくれる存在として重要だと思っています。狼の信仰物を調べ、地元の方に伝えると同時に広めていきたいですね」

東北地方の狼信仰の痕跡は、太平洋側に多く日本海側に少ないといわれるが、最後に私の出身県、山形県の上山市《かみのやま》に「狼石」という巨石があることがわかったので探してみた。上山市を見渡すみはらしの丘から2キロほど南に行くと、大規模に太陽光パネルを設置しているところがあり、その狼石はすぐ近くにあった。

ちょっとびっくりするような石だ。アダムスキー型のUFOにも似ている。「これは何かある」と思わせる。もともとは噴石なのだろうか。これを昔の人が特別な場所と考えたのもわかるような気がする。「パワースポット」や「磐座」といってもいいのかもしれない。

「南山形自然・歴史野外ミュージアム」の解説看板には、次のようなことが記されていた。

上山市金瓶《かなかめ》地区（旧南村山郡金瓶村）では、東西12メートル、南北7メートル、高さ約3・3メートルの巨石を「狼石」「大石」と呼んでいる。昔、ここに狼の巣穴があったので、この名が付けられたという。また石の下は洞窟になっていて、狼の子が生まれると、村人はそこに食べ物を届けたという。

金瓶出身の歌人・斎藤茂吉は、狼石のことを歌に詠んでいる。

金瓶の向ひ山なる大石の狼石を来つつ見て居り（昭和22年作　歌集『白き山』）

山形市の蔵王駒鳴棚田の稲杭

山のうへに狼石と言ひつぎし石は木立のかげになりぬる（昭和17年作　歌集『霜』）

ふるさと山形地域文化伝承・体験サイトの「ふるさと塾アーカイブス」の「おおかみ石（上山）」には、伝説を元にした切り絵風紙芝居が掲載されている。その内容を要約すると、

蔵王が噴火して大きな石が飛んできた。その中のひとつ、大きな石の根元には穴が開いていて、狼の親子が棲んでいた。

父狼が穴から出たとき、庄内のお殿様の行列を見た。家来は、籠《かご》を降りたお殿様に「この石に腰を下ろして休んでください」といった。

お殿様は、石に腰かけ「今日は、蔵王の山がきれいに見えるのう」といって山の景色を眺めた。父狼は、この石を「殿様石」と呼んでいると、子狼に教えた。

ある日のこと、最上義光《もがみよしあき》公の行列が近くにやってきた。義光公は、お城の庭に置く石を探して、みごとな石を見つけた。それは狼親子が棲んでいる狼石だった。

お城に帰った義光公は、「あそこにあった一番大きな石を運んでくるように」といったので、家来たちが石のところへ行くと、穴から顔を出したのは、狼の子どもだった。父狼は、石の上に立って、家来たちをにらみつけた。

家来は、「殿が見つけた石は、狼の親子が棲んでいる石でした」と報告すると、義光公は「う〜む。狼の親子が棲む石であったか。それを城に持ってくるのは、狼の家を取り上げることになるなぁ。あのような立派な石はふたつとはないが、しかたない、あきらめよう」といった。

狼伝説が残る上山市郊外の巨石「狼石」

狼は人に恐れられていたが、この狼石の親子だけは、人懐こかったので、金瓶の人たちは可愛がり、狼の子どもが生まれると、じょうぶに育つようにと、うまいものを持っていって狼にあげていた。

以上、こんな伝説だ。

現在、狼石の近くまで開発の手が迫っている。巨大な太陽光発電所もある。「狼石」と名付けられた物語がこの石を守っているようだ。

撤去されることはないと思うが、この場所にあるから価値があると思うので、移動した時点で、「狼石」は物語を失い、単なる「石」に変わってしまうかもしれない。

単なる「石」なら、砕いて道路の材料にしようが、どうしようが気にならなくなるからだ。ここに物語の大切さを感じる。物語を伝承するというのは、そういうことなのだろう。それは、東日本大震災でもわかったが、昔津波に襲われた伝説が失われてしまったところが、また被害を受けてしまったように。

西日本の狼信仰

〈左ページ〉
高梁市・木野山神社の山門に
納められた狼像

JR伯備《はくび》線・木野山《きのやま》駅の近く、岡山県高梁《たかはし》市の木野山神社を参拝した。北に中国山脈が連なり、南に高梁市街が広がる景勝の地・木野山山頂には奥宮、山麓には里宮があり、昔から「木野山さん」と親しまれてきた。

拝殿の「御塩　御酒　御餅　供え所」には、たくさんの塩が奉納されている。狼の伝承の中には、「狼は塩好き」という話がたくさん出てくる。送り狼に塩を与えて帰ってもらうとか、狼が獲って食べ残したもの（イヌオトシ）を頂戴するときにも塩をお礼に置いたとか……。

里宮の社務所で狼像の入ったお札をいただいた。向かい合っている狼の絵だが、姿自体はかなり写実的だ。聞けばここでは狼を、東日本で呼んでいる「お犬さま」ではなく、木野山の神使として「狼さま」と呼んでいるそうだ。山頂の末社に高龗神《たかおかみのかみ》・闇龗神《くらおかみのかみ》が祀られているが、それも狼の姿だそうだ。

ここは古くから流行病や精神病に対する霊験があった。明治時代にコレラの疫病が猛威を振るったとき、当時コレラを「虎列刺」と書いたようで「狼は虎より強い」ということ

奉納された拝殿前の多量の塩

木野山神社の狼のお札

から木野山神社の狼さま信仰にすがった。

同じようなことは、東日本にもあって、安政5年（1858年）に大流行したコレラに効くといって、三峯神社のお犬さまが活躍したことがあった。コレラは、「狐狼狸」と呼ばれ、異界からの魔物の仕業だと思われていた。

高橋敏著『幕末狂乱《オルギー》　コレラがやって来た！』によると、〈これを除去するために根源にいるであろう悪狐、アメリカ狐を退治しなければならない。異獣に勝てるのは狐の天敵の狼、山犬しかいない。そして狼を祭神ヤマトタケルの眷属（道案内）として祀る武州秩父の三峯神社に着目したのは、自然の成り行きであった〉という。狐を狼で封じようという発想は面白い。

今でも、岡山県内にはいくつか木野山神社の分社が鎮座するが、コレラ平癒を祈願して勧請されたものだという。

里宮の山門の左右に狼像が一体ずつ座っている。社務所で伺うと、格子戸は外れないということなので、その間から覗くしかない。周りの風景がはめ込まれたガラスに映ってしまうので、晴れの日は厳しい。曇った日のほうが見やすいかもしれない。

鳥取県倉吉《くらよし》市を出て30分ほどで、世界屈指のラジウム温泉で知られる三朝《みささ》温泉に着いた。与謝野《よさの》鉄幹、与謝野晶子、野口雨情、斎藤茂吉など

元湯に建つ伝説の侍と白狼の像

白狼伝説を紹介した
街角のショーケース

多くの文人も訪れた由緒ある温泉だ。

三朝温泉の「株湯」は温泉街の東にあり、「元湯」とも呼ばれている。ここが三朝温泉の歴史の始まりの場所で、伝説にちなんで建立された白狼と侍の像が建っている。

三朝温泉公式サイトに、温泉の由来が載っている。

〈およそ八百五十年以上も昔のこと。大久保左馬之祐《さまのすけ》というお侍さんが、年老いた白い狼に出会い、一度は弓で射ようとしますが、思いとどまり見逃してあげることに。その夜、左馬之祐の夢に妙見大菩薩が現れて、白い狼を助けたお礼に温泉の場所を教えてくれたのです。以後、救いのお湯として、村人たちの病を治したと伝わります〉

大久保左馬之祐は、源義朝の家臣だった。夢でクスの老木から湧き出ていると教えられた湯がこの株湯で、今でも滾々《こんこん》と湧き出ている。

また、温泉街から約1・5キロの山の中に白狼神社が鎮座する。三朝町遊歩道駐車場から階段を5分ほど上っていくと社殿と碑が見えてくる。

〈三朝温泉の発祥伝説によれば、長寛二年（一一六四）のこと、白狼が温泉の所在を教えたことに始まると言われる。大正五年ラジウムの含有量世界一と発表されて以来、温泉街は急激な発展をたどって今日に至った。／よって白狼に報いるため、小祠を建てて祀り、また温泉の由来を刻んで白狼碑を建立し、長くその徳を偲んでいる〉

と解説看板の「白狼神社と碑」にある。

静寂の養父神社境内

「無益な殺生はしない」ことに対しての褒美として与えられた温泉だったのかと思いながら、私も元湯に戻って温泉に入った。

兵庫県養父《やぶ》市の但馬《たじま》五社のひとつに数えられる養父神社は円山《まるやま》川の南岸に鎮座する。古くから「養父の明神さん」と呼ばれ、農業の神として地元の人に親しまれてきた。境内には、「狼の宮（山野口神社）」「猫の宮」「鯉の宮」などの境内社があり、動物との係わりの深い神社だ。

静かな境内を進むと、拝殿の前に二対の石像が並んでいる。そのうち拝殿に近いほうの一対を見たとき、「なんだ、これは⁉」と度肝を抜かれてしまった。

背を曲げ尾を高く上げたかなりユニークな姿の狼像で、明治26年に建立されたそうだ。口を開けているほうが雌で、閉じているほうが雄の像。どちらもすばらしい造形だ。

養父市のホームページによれば、ここでも狼は、田畑を荒らす猪や鹿から作物を守る益獣として、守り神になっているという。

〈鎌倉時代の関東に、大きくなると210㎝を越える白猪が暴れていました。源頼朝は、朝倉高清にこの白猪退治を命じました。そこで但馬に帰って7日間、養父神社にこもって祈願し、神前から鏑矢《かぶらや》をもらいました。この矢で白猪を退治して、源頼朝の家来になれたという話です。／暴れまわる白猪は、狼が守る養父神社から授かった矢の霊力によって退治することができました〉

今まで全国の狼像を見てきたが、これは私の「狼像ランキング」ではかなり上位に来る狼像になった。

養父市・養父神社の「あ形」の狼像

丸めた背の養父神社の「うん形」の狼像

船上神社の狼送り

山陰地方の霊峰、大山《だいせん》周辺には狼像が数多く点在し、いくつか狼祭りも行われているという情報を元に、鳥取県琴浦町を周った。

ある集落を歩いていると通りの角に祠と常夜灯があった。中を覗いたら、だいぶ痛んではいるものの、口には金色の歯が見えていて迫力ある狼像があった。写真を撮っていると、向かいの家のおじいさんが軽トラックで帰ってきた。

74歳になるというおじいさんが中学1年生くらいのとき（だから今から60年ほど前）、船上山への狼送りをやっていたことを記憶しているが、いつやらなくなったかはわからないという。この狼像はそのとき使われていたものだ。

狼送りは、23～24歳くらいの村の若者が選ばれて、白装束に身を包み赤いタスキをかけて、この狼さんを船上山山頂の船上神社に運び上げ、神社で祈禱してもらって帰ってきたという。

年に一度、狼の霊力に再びエネルギーを注入する。これはお札を1年ごとに替える埼玉県秩父のオイヌゲエと同じ意味があるかもしれない。

昔「狼送り」で使われていた
狼さんの木像

神社に残されていた版
木から刷った狼さん

『新鳥取県史　民俗1　民俗編』に記載されているが、そこから数百メートル離れた下市神社でも狼送りの神事を毎年行っているとのことで、それを確かめに神社へ行ったら「伯耆《ほうき》稲荷神社の河合さんという方が詳しいです」と教えられた。

2キロほど離れた伯耆稲荷神社を訪ねると、河合鎮徳さんは船上神社の宮司も務めている人物だった。

下市神社の祭りは12月に行われる。氏子90軒のうち3〜4名が、お札の入った厨子《ずし》を白布で巻いてもらい、船上神社に運んでいくと、河合宮司が白布を解いてお祓いをするというものだ。積雪があるときは船上山には登れないので、遥拝所で執り行うという。

それと現在では授与していないが、狼さんの姿が入った船上神社のお札の版木を見せてもらった。

宮司にお会いしてから3カ月後の7月中旬、船上神社の狼送りに参加した。

大山隠岐《おき》国立公園内にある船上山の標高は687メートル。船上山東側の山腹の溶岩壁が露出した〝屏風岩〟が特徴的だ。高さが100メートル、長さが60

船上神社の遥拝の社務所に建つ狼像

0メートルもある天然の城塞だ。後醍醐天皇は倒幕計画に失敗し隠岐の島へ流されたが、元弘3年(1333年)隠岐から脱出してこの山に80日間行宮《あんぐう》を構え、その後念願の倒幕に成功した。この屏風岩を見ると、ここがいかに難攻不落の場所だったかということがわかる。

宮司の車に先導してもらい登山口へ向かった。あいにく雨が降り始めたが、登山口にはすでに10人ほどの崇敬者が本格的な登山の格好をして集まっていた。あとでマイクロバスでやってくる残りの崇敬者も山上で合流するという。

岩場が泥で滑るうえ、蒸し暑くて厳しい登山になったが、山全体が神域の雰囲気になった。

途中2回の休憩をとった。昔は酒を飲みながら登ったそうだ。これは疫病など悪いものを狼さんに退治してもらうための神事だが、農作業が一段落したころで、行楽の意味も大きかった。

行宮之碑を左に見て、笹原を進んでいくと服もびしょ濡れになった。登山口から1時間ほどで、霧の中から突然鳥居が現れた。

崇敬者は約20人上ってきたが、みんなで協力して拝殿で神事の準備を始めた。床を掃いて床几《しょうぎ》を並べる。祭壇を作りお供え物を置く。

私はその間、宮司といっしょに150メートルほど離れた奥宮へ向かった。雨にけぶる杜の中にたたずむ奥宮は神秘的だった。この奥宮には

船上神社奥宮の狼の石像

霧の中から現れた船上神社の鳥居

船上山の断崖絶壁の屏風岩

県立博物館学芸員からは通称「バナナ」と呼ばれる

「まるでライオンのよう」ともいわれている狼像

大山祇命《おおやまつみのみこと》と後醍醐天皇が祀られている。社殿の石像は、高さが20センチほどのけっして大きいものではないが、石なので、ずっしりと重い。

奥宮の床下には、神輿の担ぎ棒のようなものが置いてあったが、かつて船上山と里の間で狼さんの像を運んだときに使われたものと宮司は教えてくれた。

ちなみに、後醍醐天皇の伝説が多く残る岡山県新見《にいみ》市には後醍醐天皇宮があり、末社の狼社を守っているのも狼像だ。狼は後醍醐天皇のお供をして隠岐からやってきたとの伝承がある。

神社に引き返すと、餅、玄米、お神酒、塩、生卵などが供えられた祭壇も準備が整い神事が始まった。

本殿の扉が開けられ、その両側には狼像が配置された。「なんだこれは?」と予想外の狼像で驚いた。木製の丸々とした狼さんはほかでは見たことがない独特の形をしていて、ふさふさの黒髪に髭が生えたような姿は愛嬌があって親しみやすい。東日本の邪悪なものを追い祓う、どちらかといえば厳しい表情の狼像を見慣れたせいなのか新鮮に映る。

太鼓や笛の音に雨音が合わさって、社殿内は神さま

船上神社の本殿

雨の降りしきる中での奥宮の神事

疫病退散などをお祈りする

が降りてくる神域となり、厳かな雰囲気で粛々と神事が進められた。狼の遠吠えのような宮司の警蹕《けいひつ》の声が山に響き渡る。これは狼を呼び寄せる声そのものではないか。降りしきる雨の音で、まるで遠くの狼が呼応して遠吠えをしているような錯覚に陥る。

宮司の祝詞の奏上、代表者の玉串奉奠《ほうてん》があり、本殿の扉が再び閉じられ、神事は無事に終わった。

その後、崇敬者の代表者は、お供えの一部を持って奥宮へ移動した。雨はますます激しく降る中、ここでも厳かに神事が行われた。

すべての神事が終わり駐車場まで戻ると、今までの雨が嘘のように晴れ渡った。

ご利益を与える神でもあるが、扱いをおろそかにすれば悪いことも起こる、その両面を持った神や狼さんのイメージは、荒れたり晴れたりする自然そのものと重なる。

そして狼信仰は昔の文化ではなくて、宮司もこの祭りを続けられることが誇らしいというように、形を変えながらも現代にちゃんと生きている「生の狼信仰」として続いていることがすばらしいと思った。

コラム・狼の伝説

鍛冶屋の婆

狼の民話のひとつのパターンに「鍛冶《かじ》屋の婆」、「千匹狼」というものがある。ジル・ラガッシュ著『オオカミと神話・伝承』のコラム「老婆とオオカミ人間（日本）」で、南《みな》方熊楠《かたくまぐす》が多くの地方から集めた「千匹狼」の民話が紹介されている。

要約するとこんな伝説だ。

ある旅人が身重の妻と山奥を歩いていると、オオカミの群れに襲われた。木の枝に逃れたが、オオカミたちは、馬乗りになりピラミッドを作って迫ってきた。男は小刀で切り殺したが、次から次へと迫ってきた。やがて一頭のオオカミが「鍛冶屋の婆さんを呼んでこよう」といった。

オオカミは去ったが、今度は大きな雌オオカミを先頭に戻ってきた。こうして攻撃がまた始まった。男が刀を振り下ろすと老オオカミの頭に傷を負わすことができた。オオカミのピラミッドは崩れ落ちた。

恐ろしい夜を過ごした旅人は、村にたどり着き「鍛冶屋の婆さん」が気になり、鍛冶屋を訪ねると、老婆がいて、昨日頭を打ったといって床《とこ》に伏せっていた。傷が昨晩の雌オオカミと同じ位置にあった。見破られたと思った老婆は、逃げようとした。しかし旅人は、一瞬速く刀で切りつけると、老婆は死んだ。すると年老いたオオカミに変わった。

これと似たような「千匹狼」伝説は日本各地にある。以前、飼い犬のヴィーノを連れて日本一周したとき訪ねた愛媛県犬寄峠にも似たような伝説があり、山犬（狼）が肩車を作って樹上に逃げた飛脚を襲うシーンがある。ただ後半の「婆さん」の部分は「猫」になっているケースだ。もともとこの話、中国・朝鮮半島の説話では虎にまつわる話らしい。日本に虎はいなかったので狼に変わったようだ。

個人的に興味をひかれるポイントは、狼が次から次へとつながって、木の上に逃れた人間に迫ってくる「馬乗りになる」という部分だ。「肩車する」とか「犬梯子」などとも表現される。

狼たちがつながって上に伸びていくというのは、面白いイメージだが、最新のスポーツのテレビ映像（たとえばフィギュアスケート）でのモーション画像のようだ。「馬乗りになる」は狼の跳躍力のすごさの表現なのかもしれない。

新編特別附録

狼像鑑賞術

狼像の見分け方

狼像を探し歩いていると、これは狼？　狐？　犬？　それとも狛犬？という像にたびたび出会う。そこで狼像をどう判断するのか。参考までに、私の見分け方を書いておこう。

基本は、まずその寺社や祠や場所が狼と関係あるかどうか。たとえば、武蔵御嶽神社や三峯神社や山津見神社などの分社、大山祇神社や山の神神社、狼にまつわる伝説や物語が伝わっている場所なら、狼像の可能性が高くなる。

次に像のパーツだが、胴体にあばら骨が浮き出た表現があるか。あったらほぼ狼。牙があるならさらに狼の確率は高くなる。耳の形状はどうか。垂れ耳の狐はほぼないので、垂れ耳なら狼や犬の可能性は高い。そして尻尾の形状はどうか。直立していたら狐の可能性大で、尾が横に回してあるなら狼の可能性は高い。巻尾なら犬の可能性もある。狼に見えても、鍵や巻物や稲穂や宝珠があったら狐だろう、首輪をしていたら犬だろうといった具合だ。

狼信仰の祠の木製狼像。素朴な作りだが伏せ耳で口が開いた「あ」形になっている

狼像と狐像のパーツの違い

狼像：牙がある／垂れ耳／尾が横に回してある／あばら骨が浮き出ている

狐像：牙がない／立ち耳／尾が直立している／宝珠や鍵を持っている

これは各パーツの特徴からの判断だが、全体的な雰囲気で判断するしかない場合もある。東京都の山間部、山梨県、長野県、岐阜県あたりの山の神の眷属として置かれた狼像は、全体的に丸っこくて、「はじめ狛犬」とも呼ばれる初期の狛犬との区別は難しい場合もある。

以上述べてきたことは東日本での話で、西日本では事情が少し異なる。直立した尻尾が少なくないこと、垂れ耳の表現はあまり見られないことだ。ちなみに狼信仰の神社としては、本文でも取り上げた木野山神社、船上神社、養父神社のほか、大川神社、大原神社などがあげられる。

あばら骨の表現について

関東地方で狼像を探し歩いていて、あばら骨の浮き出た表現を施された狼像に気がついた。この波打つようなごつごつした表現はインパクトがあり、狼らしいといえば狼らしい。狐や犬像との区別にもなる特徴のひとつだが、しかもこの表現、特に関東地方に多いらしいことにも気がついた。この傾向は石像だけではなく、狼のお札

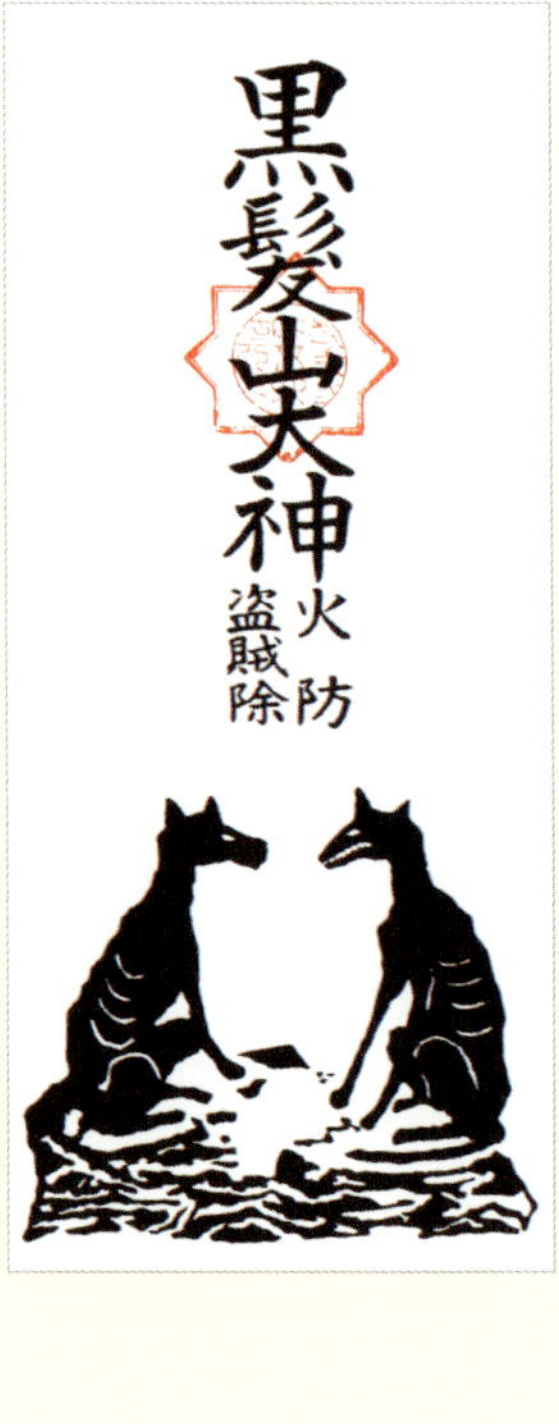

あばら骨の表現のあるお札。右上は埼玉県皆野町の蓑山神社、右下は群馬県榛東村の黒髪山神社、左は群馬県みなかみ町の三峯神社

についてもいえるようだ。

松場正敏氏編集発行の『お犬様の御札　狼・神狗・御眷属』には全国の狼のお札が多数載録されている。この本の狼のお札を見ても、東日本にあばら骨の表現が多い。

ちなみに、手元にある『狼と人間　ヨーロッパ文化の深層』『狼と西洋文明』『ヨーロッパから見た狼の文化史』を調べたが、痩せたヨーロッパの狼でも特段あばら骨が浮き上がった絵や垂れ耳の絵はほぼ見当たらない。

寛保3年（1743年）、日本を旅行したスウェーデン人の植物学者トゥーンベリは「日本には、狼はまれになってしまった。今や、もっと北に行かないといない」と記している。この証言から、一般の人が狼を目にする機会は多くなかったことがわかる。そして、目撃談は話に尾ひれがついて誇張されたものになっていく。イメージを集団で作り上げ共有するというわけだ。

あばら骨が浮き出て見える、ということが狼のイメージや飢えに耐えながら修行する修験者のイメージと合致するところがあり、絵でも石像でも「あばら骨が浮き出ている＝狼である」というお約束事が出来上がったのかもしれない。

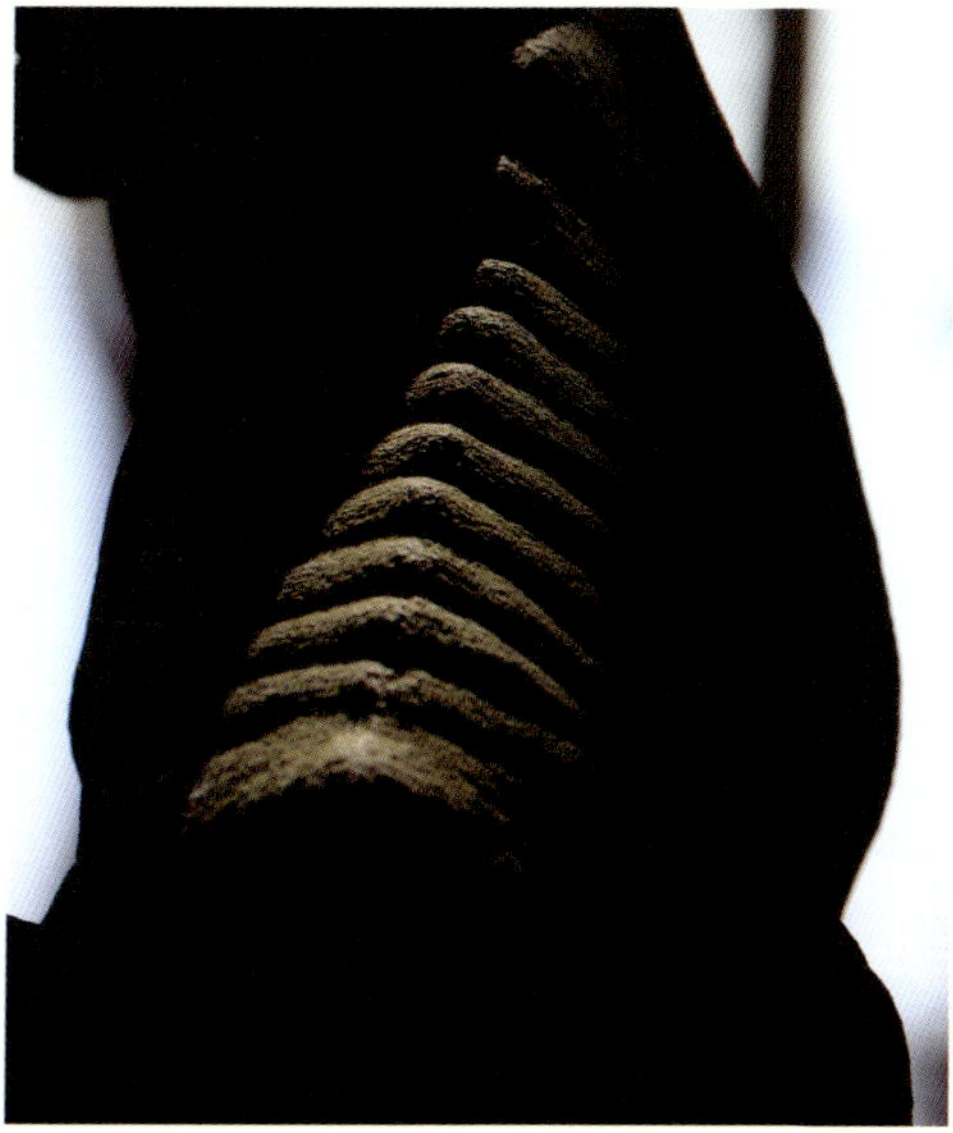
埼玉県長瀞町の宝登山神社奥宮に建つ狼像。あばら骨の表現が施されている

耳の形状について

以前、狼像の立ち耳と垂れ耳の違いはどんな理由ですか？と聞かれたことがあった。それまで耳の形を意識したことはなく、そんなことどうでもいいじゃないか、と思ったのだが、そのうちどうして垂れ耳の狼像があるんだろうか？と疑問がわいてきた。生きた狼に垂れ耳のイメージはなかったからだ。狼像を見たとき、たしかにあばら骨の表現同様、耳の形状は目立った特徴といえる。そしていろいろ調べていくと面白いことがわかってきた。

ダニエル・ベルナール著『狼と人間』にある実際の狼の耳の状態と感情の図を見ると、威嚇でも、立ち耳と後ろに引いたような伏せ耳があることがわかる。つまり、耳の形から狼の感情はわからない。しかし遠吠えするときは耳が後ろに引いた伏せ耳状態になるようだ。

令和5年2月19日に放送されたNHK「ダーウィンが来た！」でニホンオオカミが特集されたが、狼好きを中心に大反響があった。その番組でCG再現されたニホンオオカミの耳は意外に小さくて驚いたが、霧が立ち込める森にたたずむ姿は神秘的だった。

　国立科学博物館は令和6年2月にニホンオオカミの新剝製を発表した。日本で4体目、世界でも6体目の剝製は大きなニュースになった。というのもこれを発見したのが令和2年当時小学4年生だった小森日菜子さんで、国立科学博物館の収蔵庫見学のイベントに参加した際、今まで「ヤマイヌの一種」とされてきた謎の標本を、もしかしたらニホンオオカミではないかと気がついたところから調査が始まったものだ。そして最終的に他の研究者と共同で論文まで発表した。

　もちろん、頭骨が入っていないかもしれないし、DNA解析はされていないので、犬との雑種である可能性も否めず、この剝製が本物の生きたニホンオオカミの姿を再現しているかどうかはわからない。だが、そもそも狼信仰の狼像はあくまで祈りのイメージであって、本物かどうかはあまり関係ないだろう。ニホンオオカミも垂れ耳状態になるかもしれないとわかったことで、私個人としては注目するニュースになった。

　私が全国で出会った狼像、並びに『お犬様の御札』に掲載のお札を調べたところ、この立ち耳ではない耳（垂れ耳や伏せ耳）の表現も関東地方に多いことがわかった。東北地方にも西日本にもないことはないが、数は少ない。だから立ち耳ではない耳の狼像は、あばら骨の浮き出た表現と同様に、関東地方の特徴といってもいいかもしれない。ただし、立ち耳ではない耳と、あばら骨の表現はセットではない。

　耳の形に何か意味があるのだろうか。

　Xのポストに対していただいた情報によると、年齢がいった狼の耳は実際垂れるらしい。齢を重ねた者は、存在感・落着きがあり、知識も豊富、頼りになるイメージ

国立科学博物館で展示されたニホンオオカミの新剝製

埼玉県秩父市城峯神社のお札の部分。垂れ耳のお犬さま

東京都青梅市安楽寺の狼像。資料などがないので年代は不明

もある。

それと、神の前で畏まっている様子ではないかとか、邪悪なものを寄せ付けない威嚇の姿ではないか、という意見もあった。私もこの意見に賛同する。

狼という恐ろしくも強く気高いものに接したときの、人間が共通して抱く畏怖の気持ち。これが狼信仰の原点かなと思う。

垂れ耳だと可愛らしい、優しいと感じてしまうのは洋犬のイメージを持った現代人の感覚であり、当時の人間は垂れ耳について感じ方が違っていたのではないかと想像する。

狼像のルーツは？

関東地方の年代がはっきりしている古い主要な狼像を並べてみる。（山神の素朴な狼像は別系統と考えられるのでここでは除く）

①天明3年（1783年）東京都青梅市　武蔵御嶽神社（写真＝45ページ下、本書のカバー）
②文化7年（1810年）埼玉県秩父市　三峯神社

⑤桜川御嶽神社

③正勝神社内大口真神社

③天保10年（1839年）東京都あきる野市　正勝神社内大口真神社（写真＝本ページ）
④弘化2年（1845年）東京都足立区　千住神社内三峯神社（写真＝66ページ）
⑤嘉永7年（1854年）東京都板橋区　桜川御嶽神社（写真＝本ページ）

②については例外として後で述べることにするが、ほかの4つに共通するのは、「立ち耳ではない、牙がある、尻尾が直立していない」だ。この裏返し「立ち耳、牙がない、尻尾が直立」は狐像の典型となる。

これらの青銅製の像や石造が作られる前にお札などに描かれた姿がなかっただろうか。

武蔵御嶽神社の禰宜《ねぎ》、天野宣子さんによれば、講名簿（講中にどのお札を届けているか記載された帳面）では、享保13年（1728年）が一番古い記録だが、お札の種類の記載がなく、どのようなものかはわからないとのこと。

また、『お犬様の御札』の著者、松場正敏氏によるとお札の年代を特定するのは難しく、檜原村・大嶽神社の蔵王権現神影図の版木が天保6年（1835年）の開版だそうで、せいぜいこのあたりが年代がはっきりしている一番古いものになるようだ。これには狼の姿が描かれている。耳が立っていない特徴のある狼の白黒一対の姿だ。ほかに武蔵御嶽神社や大嶽神社のお札の古版を見ると、耳が立っていない狼も多い。

さらに時代を遡ると、古来から日本で描かれてきた仏《ぶつ》涅槃図《ねはん》や役行者《えんのぎょうじゃ》画像や熊野本地絵巻などの宗教画にも狼の姿がある。『狼の民俗学』によれば、役行者画像に描かれた狼などが、修験系寺院や神社のお札や像の狼につながっているという。役行者が自然界の力を借りて修行を行う姿を描いていて、狼は自然の厳しさを象徴する動物でもある。室町時代「役行者前後鬼・八大童子像」（京都・醍醐寺蔵）の狼は伏せ耳であばら骨も描いてある。これがお札や狼像に影響したのかどうかはわからないが、少なくとも、垂れ耳とまではいかなくても伏せ耳であばら骨の表現がある狼は存在していた一例になる。

結局、武蔵御嶽神社の1700年代のお札の狼の姿がどうであったか、今のところわからないが、①天明3年の像は、以前からあった木像の鋳型を取って青銅製の像に作り替えたことが幸いして現在までそのままの姿で残ることになった。

天野さんは、平成30年に「お狗様展」を開催した際のあいさつ文で、天明の大飢饉と狼像との関係について書いている。「冷雨・地震・噴火によって大凶作になり、餓死者・病死者が続出したと云われています。そんな深刻な状況の中、永代に残るお犬様を奉納した背景には、人間に降りかかる最悪な災いを防いでほしいという想いと深い信仰があったのではないでしょうか」

狼像と狐像との関係

そしてもう一点、関東地方の狼像を考えていくと、どうしても狛犬像・狐像の影響を考えざるを得ないような気がする。数でいっても圧倒的多数の狛犬像・狐像が狼像に影響を与えないはずはないだろう。

たとえば、文化15年（1818年）の大田南畝《なんぽ》の『奴師労之』には、「稲荷の社関東に多し。大坂より西には稲荷なし」とある。また「伊勢屋、稲荷に犬の糞」という言い回しもあった。「伊勢屋」という屋号の店や「稲荷」や「犬の糞」など、江戸に多いものを並べたものだ。多少の皮肉やからかいの気持ちも入っているようだが、江戸に稲荷社が多かったことは事実のようだ。

今のところ、現存している年代がわかる江戸の狐像で一番古いものは吹上稲荷神社の宝暦12年（1762年）のものとされる。

そこで気になるのは、この狐像から83年後に奉納された④千住神社内三峯神社の弘化2年の狼像だが、この狐像を手本にしたのではないかと思われるくらい、いや、同じ石工が作ったのではないかと見紛うくらい雰囲気がそっくりに思える。ただし、狼像のほうは垂れ耳で牙があり、尻尾が横に這わせてある。両像を比べてみると、狐と狼の特徴がよくわかるのだ。

また、②三峯神社の文化7年の狼像だけ例外としたのは、この像だけ狐ふうだからだ。奉納したのが「江戸四谷講」なので、この狼像が作られたのは江戸だったかもしれない。たとえば、品川神社内の阿那稲荷上社の狐像は、顔や体の線がこの狼像と似ている。江戸では狐像が多く作られていたこと、それと石工たちのお互いの影響があったために、このような狐っぽい姿になったのではないかと想像する。

狼像を作ったことのある3代続いている石工の話では、

左が④千住神社内三峯神社の狼像、右が東京都文京区の吹上稲荷神社の狐像

埼玉県寄居町の釜山神社。数メートル離れて狼像（左）と狐像（右）が建っている

おじいさんは神社へ何度も参拝しては気に入った狼像を詳細にスケッチし、それを元に狼像を作ったという。優れた像は真似をされるというのは今も昔も変わらないだろう。

江戸でも狼信仰が盛んになり、関東地方に武蔵御嶽神社や三峯神社の講が結成されて分社に狼像を置くとき、狐像との区別をしたいという思いもあったかもしれない。狐を退治するのが狼であればこそ、なおさらそういった心理が働くのではないかと思う。

そしてこの「あばら骨や垂れ耳」という狐像とは違う特徴が狼像を作るうえで様式化していき、特に武蔵御嶽神社の信仰圏である関東地方を中心に広がった結果、「あばら骨や垂れ耳」の狼像が多くなったと考えられないだろうか。

狼、狐、犬は形態的にも民俗的にも近い位置にいて、お互いに影響しあい3者のイメージが作られてきた。狼には強靭さや気高さを、犬には忠実さや優しさを、狐には罪はなく申し訳ないことだが狡猾さや怪しさをイメージする。人間の持つ内面をこれらのイヌ科動物に投影しているところがあるのかもしれない。

おわりに

狼像に魅かれるのはなぜなのか、秩父・椋神社のオイヌゲエに参加して以来、納得できる「自分の物語」を探しながらの旅であったと思います。人それぞれ、狼像に魅かれる物語が違うのはもちろんですが、最後に私個人のことを書いてみます。

私はお犬さま（狼）像をめぐるうちに、

犬＝陽・明・意識・現実

狼＝陰・暗・無意識・異界

のように思えてきました。それは、私が犬と暮らしていることもあり、いつも犬と狼を比べる癖がついていたからかもしれません。

狼は、山の奥深くに棲む得体のしれない怖い動物、それでいて、人間をじっと見守っているようなイメージも併せ持っています。山の王者で人間にこびない崇高なイメージもあります。実に神秘的です。

人間は、人懐っこい狼の個体を何代にもわたって掛け合わせて犬を家畜化したといわれています。犬は人間に忠実です（そうじゃない犬もいますが）。しかし狼はそうではありません。駅前で主人の帰りを何年も待ち続ける狼などありえないのです。人間を拒み続けたことで狼として存在できたといってもいいかもしれません。

私は人間にいつも寄り添ってくれる犬が好きで、オーストラリア先住民アボリジニーの「犬のおかげで人間になれる」という言葉を事あるごとに紹介してきました。犬の忠犬ぶりを誉める一方で、狼の人間にこびないところにも強く共感しています。矛盾しているといわれるでしょうか。私には、犬と狼はワンセットであり、ふたつあってこそ完結するらしいのです。意識と無意識を合わせて私という一人の人間ができあがっているように。

ところで今は、目に見えるものだけではなく、目に見えないものが大切な時代なのかなと思うこともあります。『ゲゲゲの鬼太郎』の水木しげるさんはいっていました。現代は暗闇がなくなって妖怪が棲みづらいと。

夜中でも煌々《こうこう》と明かりがともり、妖怪が存在できないような現代という時代に、落ち着かなさを感じるのは私だけでしょうか。目に見えるもの、合理的なものだけが重視されているところに居心地の悪さみたいなものも感じるのです。

狼像の前にたたずむと、妙にこころが落ち着きます。それは目に見えない存在・世界を感じさせてくれるからではないかと思うようになってきました。目に見えている（意識できる）のは広大な無意識のほんのわずかな部分です。本当は目に見えていないもの、わからないものが、私たちの周りでたくさんうごめいているのかもしれません。

絶滅したニホンオオカミは大神（狼）として生き続けています。狼は自然（山）の象徴的存在になりました。狼を仲立ちにして、異界からの声に耳を傾けてみたいと思います。

最後になりましたが、狼信仰・狼像の企画を書籍にしていただいたイカロス出版の勝峰富雄さん、編集の藤田晋也さん、東北の狼信仰についてご教示くださった石黒伸一朗さん、武蔵御嶽神社の天野宣子さん、七ツ石神社再建プロジェクトの皆さん、『狼の民俗学』の著者・菱川晶子さん、狼信仰の神社関係者の方々にあらためて感謝申し上げます。またこの企画は、ネットの情報がなかったら実現しませんでした。この場を借りて、情報を提供していただいた方々にもお礼申し上げます。

令和6年10月

青柳健二

参考文献一覧

菱川晶子『狼の民俗学　人獣交渉史の研究』東京大学出版会　2009年
清水武甲『秩父Ⅰ　風土考　清水武甲文集』言叢社　1983年
小倉美惠子『オオカミの護符』新潮社　2011年
柳田國男『遠野物語・山の人生』岩波書店（岩波文庫）1976年
菊水健史・監修／近藤雄生・本文／澤井聖一・写真解説
『オオカミと野生の犬』エクスナレッジ　2018年
石黒直隆「絶滅した日本のオオカミの遺伝的系統」http://nichiju.lin.gr.jp/mag/06503/d1.pdf
ブレット・ウォーカー（浜健二訳）
『絶滅した日本のオオカミ　その歴史と生態学』北海道大学出版会　2009年
平岩米吉『狼　その生態と歴史』（新装版）築地書館　1992年
直良信夫『日本産狼の研究』校倉書房　1965年
西村敏也「檜原村の狼信仰」
http://repository.musashi.ac.jp/dspace/bitstream/11149/1592/1/sogo_2012no22_002.pdf
長野覺「多摩川現流域の山岳信仰と自然保護に関する調査・研究」
https://foundation.tokyu.co.jp/environment/wp-content/uploads/2011/02/5fd2cb3affa4fd05188913b73ea34edd.pdf
宮内敏雄『奥多摩』（復刻版）百水社　1992年
高山市歴史研究会『斐陀』1号（1991年4月）
神崎かず子『陶製狛犬の伝来と民俗習慣に関する報告　「陶磁のこま犬百面相」展拾遺』
https://www.pref.aichi.jp/touji/education/pdf/2010aitou_02_kanzaki.pdf
「大御所の遺産探し4」「静岡新聞」2014年3月15日朝刊
遠藤公男『ニホンオオカミの最後　狼酒・狼狩り・狼祭りの発見』山と溪谷社　2018年
古川古松軒『東遊雑記　奥羽・松前巡見私記』平凡社（東洋文庫）1964年
村田町歴史みらい館「再び、オオカミ現る！　東北地方の狼信仰」展・解説シート　2018年
石黒伸一朗「宮城南部の狼信仰」『東北民俗』第48輯（2014年6月）
石黒伸一朗「福島県中通りの狼信仰」『東北民俗』第50輯（2016年6月）
石黒伸一朗「山津見神社と南東北のオオカミ信仰」
福島県立美術館「よみがえるオオカミ　飯舘村山津見神社・復元天井絵」展・図録　2016年
ふるさと塾アーカイブス「おおかみ石（上山）」http://www.yamagata-furusatojuku.jp/material/654/
高橋敏『幕末狂乱《オルギー》　コレラがやって来た！』朝日新聞社（朝日選書）2005年
ジル・ラガッシュ（高橋正男訳）『オオカミと神話・伝承』大修館書店　1992年
鳥取県立公文書館県史編さん室編『新鳥取県史 民俗1 民俗編』鳥取県　2016年
松場正敏『お犬様の御札　狼・神狗・御眷属（第3版）』私家版　2020年
ダニエル・ベルナール（高橋正男訳）『狼と人間　ヨーロッパ文化の深層』平凡社　1991年
C・C・ラガッシュ、G・ラガッシュ（高橋正男訳）『狼と西洋文明』八坂書房　1989年
ミシェル・パストゥロー（蔵持不三也訳）『図説 ヨーロッパから見た狼の文化史』原書房　2019年

青柳健二（あおやぎ・けんじ）

1958年、山形県生まれ。メコン川流域の少数民族、棚田、犬像など、独自の視点で旅を続け、作品を発表し続ける「旅する写真家」。2006年、棚田学会賞受賞。
おもな著書に『メコン河』『メコンを流れる』（ともにNTT出版）、『日本の棚田 百選』（小学館）、『アジアの棚田 日本の棚田』（平凡社）、『棚田を歩けば』（福音館書店）、『全国の犬像をめぐる 全国の忠犬物語45話』『犬像をたずね歩く あんな犬、こんな犬32話』（ともに青弓社）、『オオカミは大神』『オオカミは大神 弐』（ともに天夢人）などがある。

編集＝藤田晋也 勝峰富雄（イカロス出版）
カバー・本文DTP＝藤田晋也
地図製作＝株式会社千秋社

本書は2019年5月に天夢人より刊行された『オオカミは大神』を再編集し、「船上神社の狼送り」と「狼像鑑賞術」を増補したものです。

新編 **オオカミは大神《おおかみ》** 狼像をめぐる旅

二〇二四年一二月一五日 初版第一刷発行

著者 青柳健二
発行人 山手章弘
発行所 イカロス出版株式会社
〒一〇一-〇〇五一
東京都千代田区神田神保町一丁目一〇五番地
contact@ikaros.jp（内容に関するお問合せ先）
sales@ikaros.co.jp（乱丁・落丁、書店・取次様からのお問合せ先）

印刷・製本 日経印刷株式会社

Printed in Japan ISBN 978-4-8022-1532-9